中宣部2020年主题出版重点出版物

中国脱贫攻坚故事丛书

中国脱贫攻坚

古玉故事

国务院扶贫办　组织编写

中国出版集团

研究出版社

图书在版编目 (CIP) 数据

中国脱贫攻坚 . 右玉故事 / 国务院扶贫办
组织编写 . — 北京 : 研究出版社 , 2020.11
ISBN 978-7-5199-0653-5

Ⅰ . ①中… Ⅱ . ①国… Ⅲ . ①扶贫 – 工作经验 – 案例 –
右玉县 Ⅳ . ① F126

中国版本图书馆 CIP 数据核字 (2019) 第 262880 号

中国脱贫攻坚　右玉故事
ZHONGGUO TUOPIN GONGJIAN　YOUYU GUSHI

国务院扶贫办　组织编写

责任编辑：张　璐

研究出版社 出版发行
（100011　北京市朝阳区安华里 504 号 A 座）

河北赛文印刷有限公司　新华书店经销

2020 年 12 月第 1 版　2020 年 12 月北京第 1 次印刷
开本：787 毫米 ×1092 毫米 1/16　印张：8.5
字数：101 千字

ISBN 978 – 7 – 5199 – 0653 – 5　定价：33.00 元

邮购地址 100011　北京市朝阳区安华里 504 号 A 座
电话（010）64217619　64217612（发行中心）

“中国脱贫攻坚　右玉故事”编审指导委员会

目录
CONTENTS

03 高质量发展的右玉

序言

PREFACE

历史总是惊人地相似，但并不是简单地重复。右玉曾经面临两次相似的重大抉择。面对抉择，时代一直是出卷人，人民始终是阅卷人。右玉“赶考者”的姿态始终如一，不论是战天斗地、绿化山川，久久为功、改善生态，还是脱贫攻坚、旅游兴县，传承弘扬右玉精神、开启高质量发展新征程，都向党和人民交出了优异答卷，创出了无愧于时代的不世之功。

抉择之一：生存还是毁灭？

莎士比亚著作《哈姆雷特》中这样描述抉择，“生存还是毁灭，这是个问题：是否应默默地忍受坎坷命运之无情打击，还是应与深如大海之无涯苦难奋然为敌，并将其克服”。

右玉地处毛乌素沙漠的天然风口地带，是一片风沙成患、山川贫瘠的不毛之地。

昔日右玉——不毛之地

十山九秃头，
洪水遍地流，
风起黄沙飞，
十年九不收。

新中国成立初期，右玉全县土地沙化面积高达 76%，林木绿化率不足 0.3%，年均降雨量不到 400 毫米，最大风速可达 20 米 / 秒，无霜期只有 100 天，年均气温只有 3.6℃。风沙、干旱、洪水等极端气候，牢牢地掐着右玉人民生存发展的脖子，恰如明代诗人王越《关外吟》中描述的那样，“雁门关外野人家，不

新中国成立之前的不毛之地

养桑蚕不种麻。百里并无梨枣树，三春哪得桃杏花？六月雨过山头雪，狂风遍地起黄沙。说与江南人不信，早穿皮袄午穿纱。”

面对如此恶劣的自然环境，右玉不是选择迁徙退避而是毅然向风沙宣战。“将风沙留在右玉，把蓝天还给京津”的生存誓言，在三晋大地立下了一座绿色丰碑，孕育了一种红色精神。不管遇到什么困难和诱惑，干部们都始终坚持目标不改、初心不忘。十万民众齐上阵，资金不够义务补，物质不够精神补，靠着觉悟加义务、镢头加窝头的苦干精神，终于打胜了这场前赴后继、造林绿化的“人民战争”，也在艰苦卓绝的奋斗历程中孕育形成了右玉精神。可以说右玉精神源于右玉人对家执着坚守的选择，源于右玉人深入灵魂的充满“傻劲”的选择。正是这种根植于灵魂深处的“傻”，不计较个人得失的“傻”，不因一时一地一城得失的“傻”，让每一个平凡的右玉人，在这场“接力赛”“马拉松”

全民植树场景

中，艰苦奋斗、久久为功，结出干群之间血浓于水的深厚情谊，凝聚出一往无前的强大力量。

右玉第一任县委书记张荣怀经过调查研究，确立了右玉植树造林、改善生态的发展思路，之后历届县委、县政府始终坚持以人民为中心，一任接着一任，换人不换目标，把植树造林、改善生态作为压倒一切的工作。始终如一，从不间断。

右玉第一任县委书记张荣怀确立了右玉植树造林、改善生态的发展思路

辛勤的右玉人民坚持不懈地种树（一）

辛勤的右玉人民坚持不懈地种树（二）

经过不懈努力，不毛之地得到了改善……

经过七十年不懈奋斗，全县近 90% 的沙化土地得到有效治理，林木绿化率已达 55%。

根治沙害，沙梁变绿洲

如今的右玉，春天惠风和畅，夏季清爽宜人，秋天层林尽染，冬季银装素裹，成为国家级生态示范区、国家可持续发展试验区、国家 4A 级旅游景区、国家生态文明建设示范县、“绿水青山就是金山银山”实践创新基地，入选全国首批全域旅游示范区创建名单。

黄玛瑙　春来四野清香

绿翡翠　夏日田园牧歌

金琥珀　秋天层林尽染

白玉石　冬季冰雪豪情

抉择之二：是守乡愁还是追梦想？

“有家的地方没有出路，有出路的地方没有家，故乡容不下肉身，他乡容不下灵魂”。贫困是时代对肉身的鞭笞，是人生基于灵魂的拷问，而消除贫困，自古以来就是人类梦寐以求的理想。古今中外，有多少不甘贫困的游子怀揣梦想、背井离乡，抛妻弃子、泪别爹娘。

哥哥你走西口
小妹妹我实在难留
手拉着那哥哥的手
送哥送到大门口
哥哥你出村口
小妹妹我有句话儿留
走路走那大路口
人马多来解忧愁
紧紧地拉着哥哥的袖
汪汪的泪水肚里流
只恨妹妹我不能跟你一起走
只盼你哥哥早回家门口
…………

西口古道

地方民歌《走西口》道出了一对情侣生离死别的悲苦，也道尽了近代山西人外出谋生的艰辛，折射出在特定社会历史背景下，人类勇于挑战贫困、矢志开拓新环境的奋力抗争。民间所说的“走西口”，正是右玉的杀虎口。走出杀虎口，就到了昔日由山西人包揽、经商天下的归绥（今呼和浩特）；走出杀虎口，就是踏上了通往蒙古和俄罗斯等地经商的重要商道。走西口固然艰辛，可是勤劳智慧的人们仍然走出了一片新天地，开启了山西“海内最富”的辉煌时代。

时光再次回到新中国成立初期，长期处于草原文明和农耕文明分割线上的右玉，褪去了在悠久历史长河中时刻扮演的“守疆者”“边塞口”“关内外重要商贸通道”“古代战争前沿火线”等角色，脆弱的生态环境，贫瘠沙化的土地，薄弱的产业基础，除主导了右玉近代的贫困现状外，更是给右玉扣上了一顶“国家级贫困县”的帽子。很长一段时间内，这顶帽子固然会留下“落于人后”的印象，但是随之而来的好处也是显而易见，戴上这顶帽子就意味着中央及市级财政各项扶贫补助资金的稳定拨付与一些惠民政策上的倾斜，而一旦摘下这顶帽子，财政负担压力可想而知。

2014 年，右玉再一次面临重大抉择，是“守乡愁”还是“追梦想”? 是“肉身证道”还是“灵魂飞升”? 右玉人民再次拿出“敢于向苍天叫板”的劲头，释放“以梦为马”的激情，作出了在家门口致富的选择，毅然决然走向了“脱贫摘帽”的攻坚战场。自脱贫攻坚战打响以来，右玉县坚持把脱贫攻坚作为重大政治任务和首要民生工程，层层压实责任，精准有力推进。广大党员干部群众秉承右玉精神，发扬一张蓝图绘到底，锲而不舍钉钉子的精神，撸起袖子加油干，历时四年终圆梦。2018 年 8 月，右玉正式摘下“贫困县帽子”，成为山西省第一批退出国家贫困县序列的贫困县之一，一个绿茵遍地、人与自然和谐共生，经济社会快速发展，人民群众生活不断改善的新右玉呈现在世人面前。

在中国共产党的领导下，不宜生存的右玉变成了人间仙境，从改善贫穷落后的面貌到踏上了高质量发展的新征程。一代又一代右玉人在历史沉淀中孕育形成的右玉精神，成了山西的“右玉精神”，中国的“右玉精神”，世界的“右玉精神”。右玉的脱贫实践生动地诠释了习近平总书记倡导的“功成不必在我”的政绩观与“绿水青山就是金山银山”的发展观，书写了一部践行群众路线、创造幸福生活的奋斗史，在蹚出一条适合自身、富有成效的减贫道路上贡献了右玉力量、提供了中国方案。

曾经的民居与现在的民居

01

Chapter

与贫困抗争的右玉

右玉县地处山西省和内蒙古自治区的交界地带，是山西省的北大门，隶属朔州市管辖。北与内蒙古和林格尔县、凉城县为邻，西与平鲁区接壤，南与山阴县毗邻，东临左云县。东距大同市 80 公里，南距朔州市 110 公里，北距呼和浩特市 150 公里。南北长 67.7 公里，东西宽 45.7 公里，全县国土面积 1969 平方公里，辖 4 镇 6 乡 1 个风景名胜区，288 个行政村，11.5 万人。

第一节　历史沿革的兴衰与更替

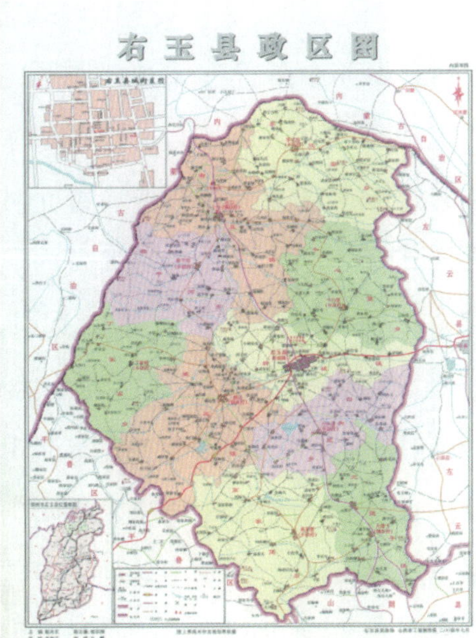

右玉县政区图

曾经的贫困群众

在历史沿革的乱与变中，历经千年征伐的右玉，生存发展环境遭受了毁灭性破坏。

右玉县的辖设可追溯至秦朝。秦置善元县，属雁门郡治。西汉别置中陵县，亦属雁门郡。新莽时期改善元为阴馆，改中陵为遮害，东汉复旧。后雁门郡治南迁，建武二十七年（51）定襄郡徙治善元县，县属之，中陵县亦属定襄郡。建安末年两县俱废。北魏复置，初隶畿内。东魏天平二年（535）于县置善元郡，县属之。北齐郡、县俱废，置威远县，北周废。唐天宝年间置静边军于右玉城。辽、金皆为云中县地，元为大同县地。明永乐七年（1409）大同右卫自今大同城徙治右玉城镇。正统十四年（1449）玉林卫自今大同城迁此，与大同右卫同治，改称右玉林卫，属山西行都指挥使司大同府。清初名右玉卫，雍正三年（1725）升卫为县，于县置朔平府，县属之。民国元年（1912）废府留县，归雁北道。道废后直属省。抗日战争时期曾一度以右玉县南境及朔县（今朔州市城区）、左云县部分地区置右南县，属晋绥五专署。1949年右玉县属察哈尔省。1952年复归山西省，属雁北专区。1958年并入左云县。1961年复县，隶属不改。1967年属雁北地区。1972年将县址由旧城（右玉城）迁至梁家油坊。2001年，梁家油坊镇更名为新城镇，右玉城镇、杀虎口乡、高墙框乡合并为右卫镇，威远堡镇、威坪堡乡合并为威远镇，欧家村乡并入牛心堡乡，破虎堡乡并入李达窑乡，西碾头乡并入高家堡乡。区划调整后，全县辖4个镇、6个乡、1个风景名胜区：新城镇、右卫镇、威远镇、元堡子镇、牛心堡乡、白头里乡、高家堡乡、丁家窑乡、杨千河乡、李达窑乡和杀虎口风景名胜区。县政府驻新城镇。

雄关杀虎口

右卫古城

第二节　自然生态资源的贫瘠与自然环境的恶劣

极端恶劣的自然条件，贫瘠的自然资源，脆弱的生态环境，贫穷在右玉大地本色出演。

右玉县属晋北黄土高原的一部分，地势南高北低，中间平缓，周围群山环抱。旧城关、威远堡和梁家油坊的附近为平川区，海拔在1250至1350米。西部山地诸峰海拔在1500至1750米；南部是洪涛山脉，主要山峰平均海拔1700米；东部山地诸峰海拔在1700米以上，其中红家山海拔1975米，为县境最高点；北部诸山1600米上下。右玉县属于温带大陆性季风气候，四季分明，年平均气温3.6℃，极端最高温度36℃，极端最低气温零下40.4℃，平均日温差15.4℃。初霜期为九月上、中旬，无霜期平均104天。年均风速3米每秒以上，春秋季最大风力9级，最大风速24米每秒，六级以上大风日数平均每年有57天。右玉县属于贫水区，地表水资源总量为5524.4万立方米，人均565.9平方米，以降水（洪水）为主，地下泉水补给甚微，年降水量平均为420毫米，集中在6—9月。境内主要河流苍头河属于黄河二级支流，发源于平鲁祁家窑，向北贯穿县境中部，从杀虎口出境注入黄河，其支流遍布辖区。新中国成立初期，全县土地沙化面积高达76%，林木绿化率不足0.3%。

1949年，右玉县第一任县委书记张荣怀上任，迎接他的不仅有生存艰难的右玉百姓，还有极端恶劣的自然生态。

偏远山区的自然村户

第三节　右玉精神的孕育与发展

自然环境的倒逼，孕育成了右玉精神，让右玉走出了一条从被动到自觉，从实践、认识到再实践、再认识的发展道路。

现今的右玉美景掠影

右玉每一时期的生态建设既有连贯性，又富创造性。从 20 世纪 50 年代坚持“哪里能栽哪里栽，先让局部绿起来”，迈出了右玉生态文明建设的第一步；20 世纪 60 年代坚持“哪里有风哪里栽，要把风沙锁起来”，把风沙治理放在了重要位置；20 世纪 70 年代坚持“哪里有空哪里栽，再把窟窿补起来”，狠抓防风林体系建设；20 世纪 80 年代坚持“适地适树合理栽，再把三松引进来”，林业建设取得了突破性进展；20 世纪 90 年代坚持“乔灌混交立体栽，绿色屏障建起来”，实施多层次造林；进入 21 世纪，坚持“退耕还林连片栽，山川遍地靓起来”。

第十二任县委书记袁浩基制定科学决策以及右玉县植树治沙获得的奖项和荣誉

种植中草药和植树造林

如今，“绿水青山秀塞外，金山银山富起来”，将右玉精神贯穿于扶贫开发全过程、各方面，起步就在赶超，发展就是跨越。统筹山水林田湖草系统治理，实行最严格的生态环境保护制度，全面掀起生态建设“二次创业”高潮，大力提升绿水青山品质，严格项目环保准入。一项项顶层设计、高位推动的硬举措，让右玉的脱贫之路由“愁眉苦脸甩包袱”向“兴高采烈摘桃子”快速转变。“十一五”期间，右玉文旅融创开发、生态环保产业井喷式发展，陆续打造出杀虎口历史文化旅游区、右玉精神纪念馆、苍头河湿地公园等一批精品旅游景区和景点，先后获得了“国家4A级旅游景区”“中国魅力小城”“最值得向全世界推荐的旅游县”“联合国最佳宜居县”等荣誉称号。

右玉县历年来获得的奖项和荣誉

右玉县南山森林公园位于县城以南，取“寿比南山”之意，面积40万亩，园内针阔花混交、乔灌草结合，景区通道20公里，园区内有公仆亭、知春亭等。园内建成占地面积38亩、蓄水量1.5万立方米的玉林湖，湖内有假山池塘、瀑布桥梁、民俗展馆等。

南山森林公园

松涛园坐落在县城以北、虎山线东侧，景区内以松柏为主，四季常青，樟子松、油松、落叶松在山风中，松涛阵阵。革命烈士纪念塔矗立其间，是县城中小学师生和全县人民缅怀英烈处。

松涛园

海子湾水库地处县城西北，是集库区旅游观光、休闲为一体的旅游景区。景区内水文环境优美，自然风光宜人，旅游基础设施完备，是晋西北不可多得的水文旅游资源之一。

海子湾水库

第四节　习近平总书记的肯定与习近平新时代中国特色社会主义思想的引领

右玉的脱贫攻坚之路始终以习近平新时代中国特色社会主义思想为引领，将右玉精神贯穿脱贫攻坚战役始终，开启由浅入深的积极探索之旅。

“右玉的可贵之处，就在于始终发扬自力更生、艰苦创业、功在长远的实干精神，在于始终坚持为人民谋利益的政绩观。我们抓任何工作的落实，都应该这样去做。”——2011 年 3 月 1 日，习近平同志在中央党校春季学期开学典礼上强调指出。

“右玉精神体现的是全心全意为人民服务，是迎难而上、艰苦奋斗，是久久为功、利在长远。”——2012 年 9 月 28 日，习近平同志在山西省委《关于我省学习弘扬右玉精神情况的报告》上作出重要批示。

右玉县委、县政府办公广场

“右玉植树造林的先进事迹，要求大家要有‘功成不必在我’的境界，像接力赛一样，一棒一棒接着干下去。”——2015年1月12日，习近平总书记在中央党校第一期县委书记研修班座谈会讲话中提到。

“右玉精神是宝贵财富，一定要大力学习和弘扬。”——2017年6月21日至23日，习近平总书记深入山西考察，在考察工作结束时的重要讲话中指出。

“从塞罕坝林场、右玉沙地造林、延安退耕还林、阿克苏荒漠绿化这些案例来看，只要朝着正确方向，一年接着一年干，一代接着一代干，生态系统是可以修复的。”——2017年12月18日，习近平总书记在中央经济工作会议上的讲话中指出。

习近平总书记的批示刻印在右玉县委、县政府办公广场前，贯穿在经济社会发展方方面面，为右玉广大干部群众不忘初心、牢记使命、接续奋斗提供了根本遵循和不竭动力。

党的十八大以来，习近平总书记关于扶贫工作的重要论述，为全国脱贫

省委脱贫攻坚督导组蹲点督导进驻会

攻坚指明了目标方向，提供了根本遵循，深刻领会习近平总书记重要论述，扎实推进脱贫攻坚，关键在于党的坚强领导，在于群众发挥主体作用，核心在于秉承全心全意为人民服务的根本宗旨，坚持迎难而上、艰苦奋斗的奋斗观，严守久久为功、利在长远的政绩观，这些要求与右玉精神高度契合，更加坚定了右玉“脱贫攻坚、旅游兴县”的信心和决心。

山西省、朔州市深入贯彻习近平总书记重要批示指示精神，制定了一系列支持右玉脱贫攻坚、绿色发展的重大措施，先后出台《关于支持右玉高质量发展的实施意见》，朔州市委还专门成立弘扬右玉精神领导组进驻右玉指导督导脱贫攻坚工作。右玉县确立“脱贫攻坚、旅游兴县”发展战略，提出“举全县之力，高标准率先脱贫摘帽，为全省作出示范”的目标，进一步拓宽脱贫攻坚的实践之路。全县广大干部群众牢记习近平总书记嘱托，内化于心、外化于行，信心百倍、齐心协力投入脱贫攻坚这场硬仗。

在各级各部门的关心支持和全县干部群众的实干努力下，右玉脱贫攻坚取得显著成效：全县贫困发生率降低至0.46%；2017年农村居民人均可支配收入为7161元，同比增长8.7%，增速高于全省平均水平；贫困村退出比例96.9%，且集体经济全部破零；农村低保标准提高到每人每年3400元；贫困人口城乡居民养老保险参保率100%；城乡居民医保参保率100%；行政村卫生室达标率92%；适龄儿童学前入园率98%、九年义务教育阶段无因贫辍学学生；行政村通村公路硬化率100%、开通客运班车率92%；行政村安全饮水达标率100%；行政村和具备条件的自然村通动力电

右玉脱贫群众

比率 100%；行政村互联网覆盖率 100%；行政村综合文化活动场所（地）覆盖率 100%；易地搬迁贫困人口入住率完成计划要求。各项指标均达到贫困县退出标准。

2018 年 6 月，右玉接受国务院第三方评估检查，8 月 8 日山西省政府批准右玉县退出贫困县序列，成为全省第一批脱贫的三个贫困县之一。

02

Chapter

向贫困宣战

全面建成小康社会、实现第一个百年奋斗目标，农村贫困人口全部脱贫是一个标志性指标。对这个问题，我一直在思考，也一直在强调，就是因为心里还有些不托底。所以，我说小康不小康，关键看老乡，关键看贫困老乡能不能脱贫。全面建成小康社会，是我们对全国人民的庄严承诺，必须实现，而且必须全面实现，没有任何讨价还价的余地。不能到了时候我们说还实现不了，再干几年。也不能到了时候我们一边宣布全面建成了小康社会，另一边还有几千万人生活在扶贫标准线以下。如果是那样，必然会影响人民群众对全面小康社会的满意度和国际社会对全面小康社会的认可度，也必然会影响我们党在人民群众中的威望和我们国家在国际上的形象。我们必须动员全党全国全社会力量，向贫困发起总攻，确保到二〇二〇年所有贫困地区和贫困人口一道迈入全面小康社会。

——习近平《在中央扶贫开发工作会议上的讲话》

右玉辖288个行政村，总人口11.4万，其中农村户籍人口达8.13万，村多人少，农村基础设施滞后，农村贫困面比较大，2014年认定贫困村129个、贫困人口8036户16337人，脱贫任务繁重艰巨，右玉县不等、不靠、不要，牢记习近平总书记对全国人民的庄严承诺，毅然决然向贫困宣战。

第一节 坚持党的领导，强化组织保证

抓好党建促脱贫攻坚，是贫困地区脱贫致富的重要经验，群众对此深有感触。“帮钱帮物，不如帮助建个好支部。”要把夯实农村基层党组织同脱贫攻坚有机结合起来。在乡镇层面，要着力选好贫困乡镇一把手、配强领导班子，使整个班子和干部队伍具有较强的带领群众脱贫致富能力。在村级层面，要注重选派一批思想好、作风正、能力强的优秀年轻干部和高校毕业生到贫困村工作，根据贫困村的实际需求精准选配第一书记、精准选派驻村工作队。要完善村级组织运转经费保障机制，通过财政转移支付和党费支持等办法，保障村干部报酬、村办公经费和其他必要支出。要探索各类党组织结对共建，通过贫困村同城镇居委会、贫困村同企业、贫困村同社会组织结对等多种共建模式，为扶贫带去新资源、输入新血液。

——习近平《在中央扶贫开发工作会议上的讲话》

右玉以习近平新时代中国特色社会主义思想为指导，大力传承弘扬右玉精神，坚持以脱贫攻坚统揽全县经济社会发展全局，以加强“三基建设”为主要抓手，抓班子、强队伍，树导向、增活力，充分发挥基层党组织的战斗堡垒作用和党员的先锋模范作用，为打赢脱贫攻坚战提供了坚强组织保证。

一、层层压担子

成立以县委书记、县长任组长，县委副书记、县委组织部部长、分管副县长任副组长，各相关部门为成员单位的县脱贫攻坚领导小组，全面加强对脱贫攻坚工作的领导，制定出台了《右玉县脱贫攻坚年度行动方案》《右玉县“十三五”特色产业精准扶贫规划》等文件，各乡镇和扶贫涉及部门分别制定了扶贫规划和专项行动计划，跟进成立脱贫攻坚领导小组，明确任务、扛起责任，确保脱贫攻坚各项工作扎实有效推进。严格落实脱贫攻坚责任双签制度和“一把手”负责制，层层签订《脱贫攻坚责任书》和《脱贫攻坚军令状》。大力推行“双组长”负责制，县分管扶贫工作领导和分管行业领导“双重”负责、合力攻坚，有效凝聚管行业必须抓扶贫、抓扶贫必须重实效的工作合力。

特别是2017年6月右玉县确定高标准率先脱贫摘帽后，成立县脱贫攻坚工作推进领导小组，下设15个专项工作组，制定出台《右玉县推进脱贫攻坚工作方案》《右玉县脱贫攻坚重点指标任务分解》等文件，全面实行县级领导干部包乡镇、抓脱贫工作机制，蹲点指导工作和解决具体问题，进一步压实责任、细化任务，强化力度、加快进度，加班加点推进脱贫摘帽工作。

二、帮扶聚合力

右玉县共选派202支驻村扶贫工作队、133名第一书记、1714名结对帮扶干部，实现贫困村、贫困户帮扶全覆盖。出台《右玉县选派机关优秀干部到村任第一书记工作方案》《关于大规模选派干部结对帮扶农村贫困户的通知》等文件，进一步压实“两包三到”责任，在全省率先安装使用信息化考勤管理系统，对“三支队伍”实行手机动态实时定位考勤管理。制定出台《关于进一步加强县乡领导干部包联贫困村工作的意见》，县党政班子领导每

全县干部驻村帮扶工作推进会

人包联 1 个乡镇、帮扶 2 个贫困村，县人大、县政协班子领导每人帮扶 1 个贫困村，各乡镇班子成员每人帮扶本乡镇 1 个贫困村，县直各部门组成帮扶工作队帮扶 1 个贫困村。

三、担当树导向

树立最优秀的干部担任支部书记的导向，形成“干部当支书、支书当干部”的支部建设机制。全县共有 12 名副科级党员干部担任贫困村第一书记，129 个贫困村全部选派支部工作指导员，在 2017 年村

干部进村帮扶

党组织换届中，28 名县乡干部当选支部书记。建立党员在基层培养发展的导向，形成“入党在一线、一线能入党”的发展党员机制。对工作优秀、符合培养和发展条件的驻村工作队员和结对帮扶干部按农村党员发展。建立干部在基层锻炼提拔的导向，形成“基层先提拔、提拔到基层”的干部选用机制。2017 年，3 名脱贫工作业绩突出的乡镇干部提拔到县直机关主要岗位，5 名工作能力突出的县直机关干部调任乡镇主要领导。

四、创新抓班子

深入实施“能人引领”工程，采取在现任村干部中“择优留”、农村致富能人中“择优推”、务工经商人员中“择优引”等措施，选拔致富能人进入村“两委”班子，增强村级组织的战斗堡垒作用。2017 年，农村“两委”换届，农村致富能手、本土回归人才当选农村“两委”骨干，占到总数

2017 年右玉县脱贫攻坚推进暨“先进集体 模范个人”表彰大会

的 68.9%。强化基层党组织标准化建设，大力提升党组织的组织力。在硬件上，村级组织活动场所达到通水、通电、通暖、通下水、通远程教育和会议视频“六通”标准；在布局上，达到有标识、有国旗、有党徽、有党建文化广场和文化街、有党建文化院、有齐备的办公活动设施设备、有党建宣传版面、有党建工作台账、有党务村务公示栏的“九有”标准；在功能上，实现具备一年四季办公和活动的条件，具备驻村干部和值班人员住宿的条件“两具备”标准；在机制上，建立办公常态化、活动常态化、管理常态化、示范常态化、考核常态化、运转常态化“六常态”工作机制。

五、合作促发展

充分发挥非公经济和社会组织党组织的作用，引导非公企业和社会组织参与脱贫攻坚。对吸纳贫困人口就业的县内企业，按规定给予税收优惠、职

“九有”村级组织活动场所

业培训补贴等政策倾斜。加强与市派联村企业沟通对接，形成帮扶企业既与贫困村结对，也与产业发展结对，引导联村企业通过公司化、股份化运作方式，推动贫困村产业向种、养、加、销一体化方向发展。支持联村企业以合作、入股的方式参与到中药材种植、光伏扶贫、旅游扶贫、农村电商扶贫和易地扶贫搬迁中，带动帮扶村向“一村一品一主体”的方向发展。2017 年 9 月 19 日，全省企业与贫困县合作帮扶现场会在右玉县召开，会议充分肯定了右玉县的企业帮扶脱贫工作。

六、督导出实效

出台《右玉县脱贫攻坚督查工作方案》，按照户脱贫、村退出、县摘帽的程序要求和标准，对全县各乡镇、驻村帮扶工作队、农村第一书记、承担“八大工程二十个专项行动”的县直单位开展全方位、多层次、常态化的督

右玉县人大代表助力脱贫攻坚培训会

促检查，查找和解决突出问题。严格考核奖惩，将干部驻村帮扶工作纳入干部考核评价体系，将脱贫攻坚实绩与年度绩效考核相挂钩、与干部提拔晋升相挂钩，坚持在脱贫攻坚第一线考察识别、提拔使用干部，激励各级干部到脱贫攻坚战场上大显身手。建立工作督导巡查和观摩评比制度，对各级党组织开展脱贫攻坚工作进行常态化巡查，集中各乡镇、杀虎口风景名胜区党委书记和相关部门党建负责人现场观摩、现场评分、现场整改，推动“党建＋脱贫攻坚”工作经常抓、抓经常。对精力不集中、措施不聚焦、作风不扎实、效果不明显的包村干部和驻村工作队进行问责，对不能完成扶贫任务和弄虚作假的给予严肃处理。2017 年，全县纪检监察机关共立案查处扶贫领域不正之风和腐败问题 40 件，处理 47 人，同比增长 23.68%。

右玉县易地扶贫搬迁工作约谈会

第二节　坚持精准方略，不搞大水漫灌

认真开展建档立卡贫困户识别工作，将责任分解落实到乡镇和扶贫各部门，成立入户调查工作组，严格对照贫困户信息采集表，逐户调查摸底，逐项逐条查验核实、征求意见。各乡镇党政主要领导亲自指挥，一线督办，对信息采集、登记、复核等基础工作严格把关，村支书、农村第一书记、包村干部对贫困户信息登记表集体复核并签字上报。严格执行“两公示、一比对、一公告”制度，对贫困户识别过程、评定结果、变更情况及时进行公示公告。

工作人员采集贫困户信息

牢牢把握贫困精准识别、干部精准帮扶、政策精准落实、资金精准使用四个着力点，编制《扶贫手册》，制作“一卡、三账、五图”(“一卡”即精准扶贫户标示卡，“三账”即脱贫计划进展、帮扶措施落实、帮扶工作成效三本账，“五图”即贫困现状分布图、致贫原因分析图、脱贫目标任务图、帮扶政策措施图和组织保障图)。特别是及时进行自查自纠，全力开展数据疑点修改工作，包乡县领导抓好统筹协调，乡镇主要领导一线督战，包村乡干部和“三支队伍”入户走访，与贫困户一同记账、算账、认账，核准基础信息，理顺逻辑关系，完善线下档案资料，修正线上基础信息。

威远镇脱贫攻坚相关资料展示

一、解决“扶持谁”的问题

采取一户一档抓管理、多轮识别“过筛子”、核查整改保精准的方法，严格履行“两公示、一公告、一比对”步骤程序，让群众身边最熟悉情况的人来把关，确保“贫困户一个不漏、非贫困户一个不进”，全县共识别确认贫困户8035户16337人，贫困村129个。其中，缺技术2543人、缺劳力2039人、缺资金2848人、因病6137人、因残984人、因学1514人、其他272人。

精准识别贫困户

二、解决"谁来扶"的问题

推行单位包村、领导包带和工作队到村、党员干部到户、第一书记到岗的"两包三到"联动帮扶机制和县党政班子领导包联贫困村制度。

扶贫干部人手一册的
《右玉县扶贫工作手册》

202 支驻村扶贫工作队、133 名第一书记、1714 名党员干部与 129 个贫困村、8035 户贫困户结对帮扶。县党政班子领导每人包联 1 个乡镇、帮扶 2 个贫困村，县人大、县政协班子领导每人帮扶 1 个贫困村，乡镇班子成员每人帮扶本乡镇 1 个贫困村。在基层组织建设、产业发展等方面持续开展驻村帮扶，制定出台了《关于调整充实农村第一书记和驻村工作队的通知》和《关于进一步加强全县驻村工作队和农村第一书记日常管理的实施办法（试行）的通知》，特别是明确县财政每年为县派第一书记每人安排 3000 元的工作经费，为县派驻村工作队成员和第一书记每人每月预算 1000 元的生活、交通、通信等补贴。结合"改革创新、奋发有为"大讨论，部署开展了万名干部入企进村服务工作，全县 795 名进村服务干部深入农村，围绕巩固提升脱贫成效，帮助农村解决基础设施薄弱、社会事业滞后、产业结构不合理等高质量发展的制约"短板"，帮助村级班子解决发展思路不清、发展方式落后、发展质量不高、发展后劲不足等突出问题，帮助农民解决产业规划、春耕备耕、医疗、住房等基本需求，有力地保障了每一项政策都能够落地落实、每一个问题都能够解决到位。

高永世是右玉县杨千河乡曹家堡村建档立卡贫困户，他人穷志不短，通过发展肉羊养殖等特色产业，于 2017 年顺利实现脱贫。自从养殖肉羊以来，除了外出办事，高永世每天都要到饲养肉羊的小平房，给肉羊喂料，顺便检查肉羊的生长情况，他家的肉羊已经从最初的5只发展到现在的几十只。想起刚开始养殖肉羊的情景，高永世还是深有感触。高永世家有5口人，母亲年迈多病，妻子离家出走，他一个人抚养着两个孩子，当时两个孩子正在就读，高永世是家里的顶梁柱，家庭经济极度困难。2014年，在母亲的建议下，高永世购买了5只种肉羊进行试养。刚开始，因为没有技术，5只肉羊一下就死了2只，养殖收入只有不足1000元。但他没有因此放弃，而是不断学习摸索，逐渐掌握了肉羊养殖技术，并决心扩大养殖规模，但是缺乏购羊资金成了困扰他的一个大问题。

恰在此时，2015年，阳煤集团筹资250000元，为曹家堡村25户在村户购买生产母羊200只（平均每户8只）、种公羊10只。

2016年，阳煤集团持续巩固肉羊养殖项目，12月将省拨的12万元为曹家堡村23户建档立卡贫困户购买优质生产母羊125只，继续帮扶村民发展肉羊养殖项目。

高永世噙着眼泪激动地说："我的生活有了今天的变化，首先要感谢党

高永世的养羊规模图集

的精准扶贫政策，其次是要感谢阳煤集团对我的帮扶。阳煤集团帮我解了燃眉之急，这样我就可以慢慢地扩大养殖规模。自阳煤集团帮扶以来，我家2015年新增种公羊1只、母羊7只，2016年新增母羊6只。我是2014年的建档立卡贫困户，自阳煤集团帮扶以来，我2017年就顺利脱贫了。”

经过几年的发展，高永世的肉羊养殖初具规模。高永世说：“从过完春节之后到现在为止，我已经卖出15只羊，再过一段时间，天气凉了之后，我有可能会继续扩大养殖规模。”如果按照目前每一只肉羊1200元的市场价格计算，应该有18000元左右的收入，到2018年底，他共饲养1只种公羊、14只母羊、15只羊羔。摘掉了贫困户帽子的高永世并没有满足现状，他在发展壮大养殖产业的同时，尽可能地带动周边曾经的贫困户和群众参与到特色养殖中来，实现共同增收致富。

三、解决“怎么扶”的问题

坚持因地制宜、因贫施策、分类实施的原则，对标户脱贫的5项标准和“两不愁三保障”的基本要求标准，到户到人制定脱贫规划，挂图作战落实帮扶措施。2016—2018年全县共整合扶贫资金6.0943亿元，其中2016年整合0.9255亿元，2017年整合2.5648亿元，2018年整合2.604亿元。2019年计划整合2.7亿元。产业帮扶10128人，其中养殖扶持5056人、中药材种植扶持3789人、旅游扶持51人、光伏扶持1232人，并对配套建设的1282套标准化圈舍进行补贴；社会政策扶持7938人，其中兜底保障4766人、医疗救助1695人、教育帮扶1477人；转移培训就业1186人；生态补偿1061人，其中安置护林员473人、扶贫造林合作社用工323人、沙棘林带动216人、新一轮退耕还林补助49人；易地搬迁1199户3035人（含同步搬迁51人）；危房改造2458户；资产收益带动5046人。

走进今天的白塘村，道路两旁绿树成荫，村在林中，林在村中，一片片经济林绿意荫荫，一排排房子整齐亮丽，党建文化大院装点有序，百姓们在

扶智行动——为贫困群众发放技术书籍

文化活动广场上热热闹闹扭秧歌，到处呈现出生机盎然的景象。新修缮的村委会、卫生室、农家书屋不时能看到百姓的身影，道路、通信网络、视频监控设备等基础设施完善，老人们惬意地在家门前唠嗑……

李艳春自 2015 年 8 月派驻到白塘村担任第一书记，他坚持从抓党建、促扶贫、谋发展入手，以“一张乡村振兴的蓝图绘到底、一股干事创业的劲头拧到底”的勇气和决心，踏踏实实为民服务，牢记阳煤集团嘱托，学习践行右玉精神，干事创业担当作为，让白塘村有了新的变化发展。

第一书记与村民绘制蓝图

李艳春带领村“两委”班子成员，按照“先富帮后富”的思路，深入宣传中药材种植优惠政策，面对百姓种植药材信心不足的情况，村里的贫困户老党员刘爱民发挥带头作用，敢于先行先试，种植中药材 70 余亩，通过药材规模化种植率先脱贫，带动了村里的其他 13 户百姓种植药材共 560 亩，为百姓致富找到了新的门路。

实现脱贫，没有捷径。李艳春和村“两委”班子同吃同住同工作，依据村情村貌分析致贫原因，全面落实精准扶贫政策，因户因人分类施策。2016 年初，他在参加省扶贫办培训会后，受到光伏扶贫政策的启示，回村后召开村“两委”会议和村民代表会议，决定把光伏项目作为村级集体经济破零的主要方式之一，随后多方争取资金 10 万元发展 11kW 村级光伏电站，项目每年增收 1.2 万元左右。

昔日的白塘村

如今白塘村真正实现了脱贫

村里的贫困户刘二旺大爷一家两口人，妻子朱欢患有高血压和严重的眼病，靠刘二旺种地和养羊来维持家庭生活。李艳春和帮扶责任人分析致贫原因后，对其进行了产业帮扶和健康补助，刘大爷一家的生活水平得到了改善。李艳春还为刘大爷争取金融扶贫小额贷款帮扶。“俺刚开始可不敢贷款，5 万块不是个小数目。”刘二旺回忆说，“那时，俺就想着，一年最多挣个五六千，贷款 5 万，咋还呀？”

“光伏产业是国家重点发展的项目，金融贷款5万元，还享受3年免息，金融贷款好政策，我们应该抓住这个机会发展光伏产业……”李艳春给刘二旺大爷打气，一趟趟入户宣传政策，一次次地解释说明，最终说服了刘二旺大爷。

李艳春宣传光伏产业政策，帮助村民脱贫

接着，李艳春帮着刘大爷办理农信社贷款手续，忙着联系厂家安装光伏。没多久，刘大爷家的院内架上了一排排光伏板。“俺家的光伏已经并网发电了，每年仅光伏收入增加6000元，日子是越来越红火！真是感谢党的好政策！”刘二旺大爷高兴和感激地说。

产业兴，乡村兴；产业旺，农民旺。村里像刘二旺大爷这样贷款5万元安装光伏发电的还有张秀云和王保国等人，另外15户村民享受光伏产业帮扶的政策，补助每户5000元集中安装光伏8.1kW，村里的大多数贫困户是在享受着“太阳”的光照，实现了脱贫的梦想。经测算，2018年底，村内贫困户人均收入达到8200元。近年来在李艳春和村“两委”班子、百姓的共同努力下，白塘村先后被右玉县委、朔州市文明办评为“先进集体”“文明村”。

阳煤集团党委常委、工会主席张建起观看村民器乐表演

为了实现白塘村的长远发展，李艳春将扶贫与扶志、扶智和扶德一起抓，激发百姓的内生动力，已成立了村级新时代文明实践站，将进一步加强基层党建、密切干群关系，打通理论宣传与政策教育“最后一公里”，从而更好地传播时代先声，凝聚发展动力，实现乡村振兴。

四年来百姓想啥盼啥，李艳春就谋啥干啥。一步一个脚印，一年一个台阶，让村里有了翻天覆地的变化：村容村貌焕然一新，基层党组织建设硕果累累，百姓脱贫致富目标实现，集体经济全面发展，各项工作都得以进一步提高。阳煤集团驻村工作队队长付文清说："我们现在又详细制定了村3年发展规划和29户脱贫户今后3年精准扶贫持续帮扶明白卡，努力让百姓的生活更加美满。我们阳煤集团要始终同党和人民想在一起，干在一起，打好巩固提升主动仗，走好乡村振兴新征程。"

农村通自来水

步入幸福的百姓家，庭院内干净整洁，门窗崭新，室内新铺设了地板砖，自来水入户，广播电视信号好，……现在的白塘村真正是旧貌换新颜。提起这些年的变化发展，村里六十多岁的老村长柳树生感慨地说："村里的这些变化，离不开李书记。他把自己当白塘人，把白塘百姓当贴心人。四年来，李艳春用实际行动书写着白塘百姓的满意答卷。"现在百姓们遇事都愿意找李书记商量，找党支部反映。干部有劲头，群众有盼头，全村一股劲，齐心奔小康。

危房改造

村民扭秧歌

宣讲党的十九大精神

四、解决“如何退”的问题

按照脱贫攻坚既考核结果又考核过程的要求，组成 11 个核查验收组，从标准把关、程序执行、质量成效、建档立卡、群众认可五项内容对各乡镇贫困退出工作进行核查验收，并依照考核结果从户、村两个层面对退出对象进行公示批复。其中，2014 年脱贫 32 户、77 人；2015 年脱贫 221 户、494 人；2016 年脱贫 1885 户、4025 人，退出 25 个贫困村；2017 年脱贫 5640 户、11322 人，退出 101 个贫困村；2018 年脱贫 257 户、419 人，退出 3 个贫困村。

核查验收组入户验收

第三节　突出产业支撑，提高脱贫实效

右玉县把产业扶贫作为推进脱贫攻坚的重中之重，因地制宜制定特色优势产业发展规划，团结社会力量持续加大产业帮扶力度，形成光伏产业、农村电商等多领域发展的“一村一品一主体”扶贫新格局。

一、大力发展特色种植业

依托全国小杂粮基地县的优势，推广新技术、新品种，不断提升产量和品质，做大做精杂粮产业，杂粮种植面积达到 40 万亩。经过认真论证考察和试验示范，确定把中药材种植作为产业扶贫重点之一，与山西国新晋药集团公司、安徽华鼎堂中药饮片公司签订种植、收购协议，推广种植板蓝根、苦参、党参、黄芩等中药材 4.4 万亩，其中 1353 户 3789 名贫困人口种植 2.7 万亩，并为其发放化肥、籽种等补贴共计 1737 万元；投资 1125 万元，为 75 个贫困村每村购买农机具 1 套，在推广种植机械化的同时助力村集体经济破零。此外，在落实普惠性种粮补贴的基础上，提高贫困户种植项目特惠补贴标准，杂粮补贴每亩增加 25 元、薯类补贴每亩增加 50 元。

远离县城的黄家窑村，昔日是一个靠天吃饭的贫困村，这两年瞄准药材种植，成了远近闻名的“药材村”，而且作为产业扶贫典型在全县推广种植经验。

村支书张宝军乐开了花，“去年我们村种了 230 亩板蓝根，今年扩大规模，又种了 530 亩，平均每亩收入 1000 多元。通过种植板蓝根，全村 37 户 84 口贫困人口 2016 年就全部脱了贫”。

村民周孝掰着手指算 2018 年的收入，“10 亩板蓝根收入 13000 元，4 亩山药蛋收了 1 万斤，我是做梦都没想到，一年纯收入好几万”。

“通过种药材，黄家窑人的思想得到了一次大的升华，全村人的凝聚力和向心力更强了。”第一书记杨世兴说，“我们要坚定不移地走产业化发展路子，真正让农业强起来、农民富起来、农村美起来。”

现在，右玉全力发展以板蓝根、党参、黄芩、黄芪为主的中药材种植。全县培育 3 个发展潜力大的中药材加工龙头企业，扶持 10 个优势明显的中药材专业合作社，建设 20 个特色中药材种植示范村，发展 30 万亩中药材种植基地，一条集产销加工于一体的中药材产业链正在逐渐成型。

种植板蓝根的周孝在地里忙活

黄家窑村板蓝根进入销售环节

二、大力发展林产业

坚持林业发展和脱贫攻坚相统一，加快发展经济林，特别是大力发展沙棘产业，全县沙棘面积达 26 万亩，全力打造全国重要的沙棘产业基地。

投入资金 2305 万元，在 9 个村推广种植大颗粒人工沙棘 4500 亩，修复改造退化沙棘林 1.1 万亩，受益贫困人口 216 人。

右玉县黄家窑村种植的板蓝根

与村民签订协议

欣欣向荣的右玉苗木产业

李达窑乡林家堡村海拔1860米，在右玉县最北部。今年55岁的王靖强是林家堡村村民。对于王靖强来说，这两年的生活可以说是一天一个样。从只靠十来亩薄田养家到现在一年能收入3万元，他的满足之情溢于言表："2016年下半年，我加入了村里的万福达扶贫攻坚造林合作社。去年，我和合作社的伙计们在县城搞通道绿化，一季下来，就挣了4200元，今年我们合作社在庄窝坡村种了1280亩沙棘和550亩樟子松，又有4000多元入账，你说我能不脱贫？"王靖强的话语中透着开心。

收获沙棘的右玉群众

三、大力发展生态畜牧业

右玉县立足全省唯一的半农半牧县优势以及全国草牧业发展试验试点、草原生态奖补等政策倾斜机遇，以规模化、集约化发展为方向，大力发展生态畜牧业。投入2932.8万元，以提供基础母畜为主要形式扶持5056名贫困人口发展养殖业，并投入 673.5 万元对建设的 1484 套标准化圈舍给予补贴。目前全县羊饲养量达到 75 万只，右玉羊肉获得国家农产品地理标志认证。

右玉生态畜牧业

2012 年，怀着对家乡、对农村的深厚情感，威远镇张千户岭村村民张宏祥不顾家人和朋友的反对，毅然从发展势头正猛的 IT 行业转型，全身心投入带领村民脱贫致富的事业中。他组建了祥和岭上农牧公司，流转土地 2 万余亩打造牧场，种植燕麦草、谷草及各类杂粮 1.3 万多亩，年出栏国家地标畜产品“右玉羊”1 万多只，直接解决当地 300 余人就业，带动周边 10 余个村庄的 1000 余名农民脱贫致富。

右玉县生态农林牧专业合作社

祥和岭上农牧公司

祥和岭上羊舍环境

祥和岭上肉羊养殖

在威远镇张千户岭养殖园区，肉羊在里面像“宝宝”一样被养着，住着标准化的砖混圈棚，喝着干净的自来水，吃着富含营养的“青储”玉米秸秆饲料。党的十九大代表张宏祥说：“我们按照科学的方法饲养，统一喂料，统一给母羊配种，定期出栏，所以，每年能出栏 4—5 次，出栏次数比散养提高了两倍多，收入也实现了翻番。”

进入祥和岭上园区打工的职业农民

村民在流转土地获得固定收入的同时，还可进入园区打工，成为职业农民。男人放羊、女人饲草，每年人均增加收入24000元。张兴和其妻子姚振兴是村里的一对留守夫妻，合作社成立以前，老两口由于年龄原因，出去打工找不到活儿，只能在村里种地，靠天吃饭，全年收入不到5000元。现在，他们家的土地租给了合作社，夫妻都成了合作社的员工，他放羊每月收入2400元，妻子喂羊每月收入2000元，还可以在合作社免费吃住。一年下来，老两口就攒下了50000多元，他们乐得合不拢嘴。

祥和岭上羊肉加工车间

如今的祥和岭上，实现了全程有机化认证，完成了生态原产地保护产品登记，通过了 HACCP 质量管理体系认证和清真食品认证，注册了“祥和岭上”羊肉商标和“千户侯”全羊宴餐饮商标，羊全产业链全线贯通，已经成为一个拥有国家农产品地理羊肉标志和现代科学管理模式的新兴农牧集团。

以祥和岭上为龙头的一大批右玉本土生态畜牧企业及合作社，放大目标、拓宽思路、做精产业、注重质量，在全产业链上推行繁育饲养标准化、肉质检测标准化、品牌认证标准化，在扩大规模、做优品牌、打造特色上带动效应日益凸显，有效将雁门关外草地资源、沟坡资源充分整合，为右玉县如期打赢脱贫攻坚战作出积极贡献。

“千户侯”全羊宴餐饮连锁门店

四、大力发展绿色农副产品加工业

坚持“企业 + 基地 + 农户”发展模式，不断发展壮大沙棘、苦荞、小杂粮等农副产品加工业，带动更多的贫困群众增收致富。县内梁威生态产业园入园农副产品加工企业达到 13 家，基本实现本地大宗农副产品就地转化增值，成为全省重要的绿色农副产品加工基地。

梁威生态产业园区图集

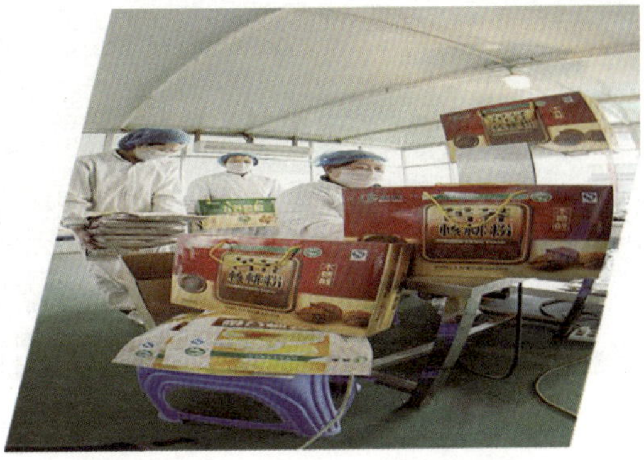

右玉六味斋农副产品加工车间图两幅

威远镇刘家窑村“两委”抢抓机遇，充分发挥靠近梁威生态产业园的区位优势，把发展绿色产业作为脱贫攻坚的落脚点，走出一条“支部 + 企业 + 基地 + 农户”的产业带富、生态兴村的富民路子。村“两委”经过广泛征求意见、认真讨论研究，按照“以企带村、村企共赢”的思路积极与图远实业有限责任公司协调对接并达成合作意向，村支部的 10 名在村党员主动带头流转自己所承包的土地，当年小香葱种植规模达到 150 亩。在部分党员群众尝到甜头、看到希望后，村党支部又确定了“户均种植 10 亩小香葱、每户至少 1 人进入企业或基地务工”的目标。通过党员示范带动，刘家窑村共流转土地 1000 亩，全村 70% 的村民在基地务工，青壮年劳力年人均可增收 1 万多元，60 岁以上劳力年人均增收可达 6000 多元。仅此一项，可保障贫困户全部稳定脱贫。

刘家窑村贫困群众在农田里劳作

五、大力发展生态文化旅游业

按照“旅游发展带动扶贫开发，扶贫开发促进旅游发展”的思路，依托重点景区和旅游线路，优势互补，连点成线，集中人力、物力、财力，推进精准扶贫和旅游开发融合发展，加快脱贫致富步伐。

一是在“规划—规范—规模”上布局。“规划”就是按照“布局合理，功能完善”的思路，精心编制旅游扶贫专项规划和年度行动计划，带动贫困人口通过发展旅游实现稳定增收。

右玉特色乡村落雁堡

“规范”就是提升农村旅游基础设施和服务水平，按照行业标准，推进乡村客栈、民宿标准化、特色化建设，评出乡村旅游标准化试点村和乡村旅游客栈示范户。

“规模”就是按照乡村旅游的战略定位和总体思路，打造杀虎口风景名胜区、马营河、樊家窑、海子湾、康家湾5个美丽乡村和9个易地移民集中安置点，并选择交通干道沿线部分村庄开展美丽宜居示范村建设，努力建设一村一品味、一村一特色的旅游扶贫“新亮点”。

二是在“定位—宣传—造势”上突破。突出打好长城和古堡风光、西口文化、氧吧绿肺、药食养生、特产购物和赛事会展等“特色牌”，构建以生态文化为主体、西口文化为品牌、红色文化为支撑、边塞文化为补充的“四大文化系列”，全力营造乡村旅游靠乡村良好生态、新鲜空气、浓郁乡村文化以及地道农家饭、舒适乡村酒店吸引游客的浓厚氛围。

三是在“绿化—彩化—财化”上发力。按照“绿随路建、有路皆绿、绿美结合”的原则，大力推动生态建设提档升级，改造退化沙棘林 1.15 万亩，种植俄罗斯大果沙棘 4500 亩、大接杏 1500 亩、枸杞 1500 亩、123 果树和寒富果树 1000 亩、玫瑰 500 亩；引导贫困户大力发展以油菜花为主的彩色种植，全力建设多林种、多树种、多层次、多色彩的生态网络体系和春有花、夏有阴、秋有果、冬有绿的旅游季相。同时，引导贫困户参与全域旅游开发建设，扶持贫困户开办农家乐、开发地域风味小吃和本土旅游商品，让其享受旅游扶贫的政策红利。

马营河村“庆丰收——马营河村森林康养旅游节”场景之一

从朔州市中级人民法院院长助理职位退下来的朱义，退休不褪色，返乡担任马营河村党支部书记，带领村民发展乡村旅游。成立朔州首家生态旅游专业合作社，为发展乡村旅游搭建起了新的平台。立足农业供给侧结构性改革和乡村振兴战略，动员村民建成了 500 余亩集中连片彩色农业观光园，在油菜花盛开季，成功举办了马营河村首届“走西口古道，观塞上民俗，赏苍河胜景”生态民俗文化旅游节、“庆丰收——马营河村森林康养旅游节”，一举打响了马营河乡村旅游品牌，吸引了大批游客。三个多月内，全村就成立了 14 家“农家乐”。至截稿，已累计接待游客 3 万余人次，为村民直接创收近 30 万元。

如今的马营河村，古老的明代乐楼定时上演曲调悠扬婉转的道情戏，进村主要道路两侧都装点上了色彩鲜艳的风车，每户庭院屋内都收拾得干净整洁，满脸洋溢着致富喜悦的农民精心编排各类特色精彩节目，随时准备与游人共享文化旅游带来的欢乐。

马营河村特色旅游节场景之二、三

在右玉县杀虎口村旅游商店，村党支部书记杨再茂正忙着和村里几位贫困户把刚从右玉县城进回来的特产摆放在货架上。“自从去年村里成立了生态旅游专业合作社，入社的贫困户积极性可高了，这个旅游商店，就是合作社建起来的。这几天游客爆棚，我们要在第一时间备好货！”杨再茂兴奋地说。

杀虎口村生态旅游专业合作社服务中心外景

杀虎口村生态旅游专业合作社服务中心内景

杀虎口村生态旅游专业合作社成立以来，成效显著。2017 年，杀虎口村生态旅游专业合作社为全村 51 名享受产业帮扶政策的贫困人口每人分红 500 元，集体经济收益 3.7 万余元，在给村民带来实际收入的同时，也实现了集体经济“破零”。

六、大力发展光伏产业

按照“市场化运作、企业化运营”的方式，探索以财政支持为主、社会参与为辅、贫困户自筹为补充的融资模式，支持贫困村、贫困户大力发展光伏扶贫项目。采取分户式和村级电站模式推进项目建设，带动贫困村集体经济实现“破零”，贫困群众大幅增收。投入 560 万元建成 700 千瓦联村光伏扶贫电站，7 个村 309 户 664 名贫困人口共享收益。为实施分户式光伏扶贫的 1157 名贫困人口每户一次性补助 5000 元。

光伏扶贫进农家

光伏扶贫进村委会

2018年6月30日，右玉县西口新能源科技有限公司开发运营的30MWP集中式光伏扶贫项目(旺顺电站)成功并网发电。该项目是山西省重点新能源扶贫项目，位于右玉县牛心堡乡石塘村，项目总规模30MWP，占地1000亩，总投资2.18亿元。旺顺光伏电站预计年发电量达4200万千瓦时，实现年产值3000多万元，创税近500万元。旺顺电站的正式投产，标志着右玉县1000户贫困家庭每户年均增收3000元以上，持续稳定获益20年。

集中式光伏扶贫项目

七、大力发展电商产业

以创建“电子商务进农村示范县”为抓手，突出电商服务、物流配送、培训孵化、质量溯源、品牌培育“五大体系”，深度挖掘右玉特色农副产品潜力，大力发展“互联网+农业”，在贫困人口相对集中的58个中心村建成村级服务网点和货物配送中转点，建成1个县级电子商务综合服务中心和物流配送中心，11个乡镇网点和电商仓储分拣配送站，2017年实现农产品网上交易1509万元，带动1256名贫困人口人均增收549元。

（一）科学布局，健全优质高效的电商服务体系

建成县级电子商务公共服务中心和144个乡村服务站，构建了县域电商生态服务体系。其中，贫困村105个，覆盖贫困人口3087户、7784人，助力全县精准脱贫。至截稿，已有20多家企业入驻县级电商服务中心，免费享受产品展示、代购代销、人才培训、创业孵化、美工摄影、营销策划等“一站式”服务。

右卫镇农村电子商务服务站

（二）发挥优势，健全多快好省的物流配送体系

建成了县级电商物流分拣配送中心，完善了物流运营服务中心、仓储中心、分拣中心、冷链中心四大功能区，开辟了8条城乡物流线路，基本实现了快递“村村通”“次日达”，农村电商发展“最后一公里”问题得到有效解决。

右玉县农村电子商务服务站内部

（三）加强培训，健全务实有效的科学培训体系

充分依托运营服务商开展电商培训，完成电商专题培训 23 期，培训 4397 人，培育了一大批电商创业“先行者”和“后备军”。同时，聘请电商专家开展专题讲座 3 次，培训县乡村三级干部 1000 余人次。

右玉县贫困群众电子商务模拟演习

（四）强化质量，健全完整可溯的质量溯源体系

积极推进农产品质量溯源平台及溯源体系建设，完成了溯源设备配套和溯源系统植入，实现了产品生产、加工、销售全流程可追溯。全县完成有机食品认证企业 3 家，无公害食品认证 2 家，23 家企业的 62 种产品通过了 QS 认证，右玉羊肉获得“国家农产品地理标志”，右玉胡麻油获得“国家原生态农产品地理标志”。

电子商务负责人来右玉调研考察

（五）注重品牌，健全线上线下营销推广体系

建成了“西口人家”平台，并与公益中国、供销 e 家合作，大力营销农特产品。在淘宝、京东、苏宁等电商平台开设特色馆，拓宽右玉农特产品销售渠道。新注册“塞尚香”“一品右玉”等多个电商品牌，并与山西传媒学院签订了区域公共品牌建设战略合作协议，对全县农副产品进行了整理归类，梳理包装特色农产品 20 类、200 多个品种。2017 年，累计实现下行产品单量 22 万余单，全县电子商务交易额 6067 万元，同比增长 50%；农村网络销售额 2856 万元，同比增长 46%；农产品网络销售额 1959 万元，同比增长 55%。

供销 e 家运输车

第四节 坚持精准方略，落实帮扶举措

完成脱贫攻坚任务，越到后来难度越大。要以精准扶贫、精准脱贫为主线，分类施策，真抓实干，吹糠见米，确保贫困人口如期实现脱贫。要把发展生产扶贫作为主攻方向，努力做到户户有增收项目、人人有脱贫门路；要把易地搬迁扶贫作为重要补充，确保搬得出、稳得住、能致富；要把生态补偿扶贫作为双赢之策，让有劳动能力的贫困人口实现生态就业，既加强生态环境建设，又增加贫困人口就业收入；要把发展教育扶贫作为治本之计，确保贫困人口子女都能接受良好的基础教育，具备就业创业能力，切断贫困代际传递；要把社会保障兜底扶贫作为基本防线，加大重点人群救助力度，用社会保障兜住失去劳动能力人口的基本生活。

——习近平在 2017 年春节前夕赴河北张家口看望慰问基层干部群众时的讲话

一、实施生态补偿扶贫

进一步完善造林扶贫专业合作社组织机制，扩大贫困群众的参与度；实施新一轮退耕还林，协调解决好退耕地块，优先保证贫困户退耕需求。同时，将有劳动能力的贫困户选聘为生态管护员。

造林绿化场景

1. 项目优先供给。林业工程项目采取议标的形式优先安排给扶贫攻坚造林专业合作社组织实施，让参加合作社的贫困群众通过参与造林绿化实现增收脱贫（扶贫攻坚造林专业合作社由经济实力强的造林公司、社会组织和集体个人创办，吸纳的贫困人口占社人员总数的60%以上）。

对参加造林绿化的贫困群众进行林木管护实地培训

2. 政策适时更新。启动实施新一轮退耕还林工程，在充分尊重农民意愿的基础上，将符合政策的坡耕地应退尽退，让贫困户通过享受退耕还林政策实现脱贫，补助标准为每亩1500元，分5年兑现（分别为500元、150元、300元、150元、400元）。同时，延长上一轮退耕还林补偿，按照每亩每年90元的标准再补偿5年。

3. 生态促进增收。依托绿色基金，各乡镇、杀虎口风景名胜区各试种50亩富寒果树，成功后大面积推广。同时，让有劳动能力的建档立卡贫困人员通过参与森林管护增加收入，切实做到一人护林、全家脱贫。

制定出台《生态扶贫攻坚造林绿化建设项目议标办法》《生态护林员选聘办法》等文件，全力推进生态扶贫。2017年，1.4万亩造林工程全部通过议标方式落实到19家扶贫攻坚造林合作社，带动323名贫困人口人均增收3100元。实施新一轮退耕还林工程，按照每亩每年1500元的标准补偿，退出19户49名贫困人口耕地191亩，人均获得补助1945元，将上一轮退耕还林补助按照每亩每年90元的标准延长5年。依托天保、未成林等管护项目和国电集团绿色发展基金，聘用建档立卡贫困人口473名，人均每年获得管护收入5300元。

对生态护林员进行森林防火培训

二、探索资产收益扶贫

右玉县不断探索资产收益扶贫模式，找准“经理人”，让贫困户以财政扶贫资金入股企业，真正获得财政资金带来的红利，拓宽收入渠道。同时，企业也能从中获得贷款，发展壮大产业，实现共赢。结合实际出台了《右玉县资产收益扶贫试点工作实施方案》，建立资产收益扶贫试点项目库，注入资金4300万元，实施5大类资产收益扶贫项目：一是注入图远实业、祥和岭上两家公司250万元，按每年10%的比例返还收益，带动大堡村和麻黄头村72户131名贫困人口脱贫增收；二是将价值30万元的两台大型杂粮收割机投入田沃农机专业合作社委托运营，每年将收益的60%返还野场村34名贫困人口，每人每年保底分红收入500元；三是将1750万元产业扶贫资金入股到图远实业、祥和岭上、中大科技、塞上绿洲4家企业，每年按注入资金6%的比例返还收益，带动31个贫困村350户深度贫困户户均年增收

3000元；四是将880万元扶贫整合资金投入8家农业龙头企业，每年按注入资金的6%通过资产收益方式带动贫困人口844户2516人增收；五是以资产收益的方式向县内涉农企业注入资金1390万元，保障易地扶贫集中搬迁贫困人口1018户2461人后续稳定增收。

大型农具委托运营助力扶贫

三、落实保障性政策扶贫

将低保标准提升到3400元，符合兜底条件的3523户4045人低保贫困户和884户五保贫困户实现应保尽保。在全面普惠的基础上，对建档立卡贫困人口实施“三保三助”，切实解决贫困人口医疗费用问题；免除医疗保障扶贫对象县内定点医院普通门诊挂号费；全面推行贫困人口住院先诊疗后付费、出院“一站式”结算、健康扶贫“双签约”、送医送药上门服务等机制。

山西医科大学第二医院为群众义诊

贫困群众办理医疗保险手续

为全部建档立卡贫困人口缴纳城乡居民基本医疗保险、大病保险和补充医疗保险，为因病致贫的1695名建档立卡贫困人口每人发放健康补助3000元。累计为全县重度残疾人发放护理补贴216万元，为871名贫困残疾人发放适配辅助器材，实现残疾人适配辅助器具全覆盖；为100名重度残疾人开展阳光家园服务，每人受益1500元。

对县域范围内就读的学前教育、义务教育、高中（含职高）教育的建档立卡贫困学生分别按1000元、1000元、1500元进行资助，受益学生共686人；实施教育扶贫"雨露计划"，432名建档立卡贫困中职生、高职生、中专、大专、技校学生，每人每年资助2000元，374名贫困大学生每人一次性资助5000元。

为贫困学子发放资助

四、实施金融扶贫

严格按照山西省委、省政府出台的《关于坚决打赢全省脱贫攻坚战的实施意见》，建立完善脱贫攻坚政策保障六大机制。

一是建立财政扶贫资金稳定增长机制，确保各级财政投入力度与完成脱贫攻坚任务相适应。

二是完善扶贫开发资源整合机制，开展统筹整合使用财政涉农资金工作，将整合使用资金与脱贫成效相挂钩，形成“多个渠道引水，一个龙头放水”的扶贫投入新格局。

右玉县农信落实金融扶贫

三是建立金融扶贫精准服务机制。支持金融机构细化落实金融助推脱贫攻坚的政策措施，深入推进金融富民扶贫工程。

四是落实扶贫开发用地保障机制，新增建设用地计划指标优先保障扶贫开发用地需要，落实好城乡建设用地增减挂钩支持脱贫攻坚等倾斜政策。

五是探索资产收益扶贫机制。通过资产收益扶贫，带动贫困户尤其是丧失劳动能力的贫困户增收脱贫，壮大集体经济组织实力。

六是强化资金项目监管机制，加强财政监督检查和审计稽查，确保阳光扶贫廉洁扶贫。

积极推广“政府 + 银行 + 保险 + 实施主体 + 贫困户”五位一体的扶贫小额信贷支持模式，通过对有生产经营能力、有自我脱贫潜力贫困户进行直接信贷支持和由实施主体使用贫困户的扶贫小额贷款间接带动贫困户实现增收脱贫的方式，县政府前后注入风险保证金 1700 万元，为全县有发展产业意向且符合贷款条件的建档立卡贫困户累计发放扶贫小额贷款 9429 万元，惠及贫困人口 2061 户 5338 人。同时，引导保险公司投入到产业扶贫领域，防范和化解脱贫攻坚过程中出现的各种风险，鼓励保险公司从种植到收获全过程，保障中药材种植，保障种植户的预期收益。

五、实施科技扶贫

坚持产业扶贫，科技先行。在确定扶贫产业时，抓住国家实施创新驱动发展战略和推进“大众创业、万众创新”的重大机遇，适应农业供给侧结构性改革的基本要求，从本地实际出发，统筹资源禀赋、环境容量、农民素质等因素，特别是在资产收益模式的选择上，聘请科技专家进行充分论证，选择具有独特优势、市场前景广阔、带动效应显著的中草药种植、特色养殖、光伏发电、农村电商、乡村旅游等产业，构筑精准脱贫的坚实产业基础。

右玉县开展燕麦新品种高产栽培技术培训

第五节　突出重点难点，集中力量攻坚

一、全力改善农村基础设施

对标贫困退出标准，统筹解决好水、电、路、网、房等基础设施建设和村容村貌改善。认真解决住房安全问题，聘请第三方机构，对全县所有在村住户房屋进行鉴定，投入资金5000多万元，对4900户符合改造条件的进行了改造，其中非贫困户1955户、贫困户2945户。

改善贫困群众用水难题

行驶在通村水泥路上的通村旅游公交

坚持新建、扩建、配套、改造的原则，采取连片集中供水、单村集中供水和分散供水等方式，投资2000万元，对94个村（含21个贫困村）26452人（其中贫困人口4420人）的饮水安全进行巩固提升，行政村安全饮水达标率为100%。

按照"农村四好公路"标准要求，对156.4公里通村水泥路进行改造提升，投资800万元新购置客运车20辆，新开通通村旅游公交线路3条，新增通客车行政村49个，行政村开通客运班车率达92%。投资195万元，通过新建、维修、租用等方式，对129个贫困村卫生室进行提升改造，并配备了医疗器械，全县建成行政村标准化卫生室254个。

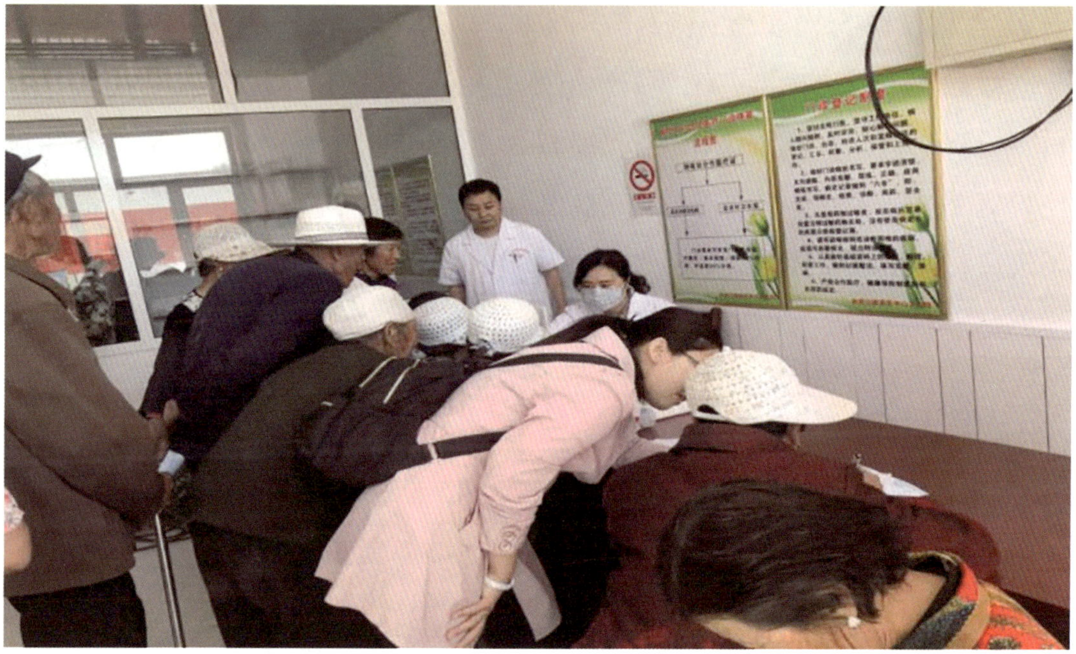

行政村标准化卫生室方便了村民就医

全县行政村互联网覆盖率达100%，并为129个贫困村安装了远程教育网络。投资1125万元，对75个贫困村综合文化活动场所进行新建或改扩建，全县行政村综合文化活动场所实现全覆盖。下功夫改善农村面貌，投资2805万元，对全县129个贫困村环境进行集中整治提升。

赵官屯村改善后的乡村环境（一）

赵官屯村改善后的乡村环境（二）

二、集中攻坚易地扶贫搬迁

坚持把易地扶贫搬迁作为脱贫攻坚的重中之重，专门成立易地扶贫搬迁工作办公室，认真调查摸底，科学规划建设，圆满完成1199户3035人（其中，同步搬迁15户51人）的易地搬迁任务。

其中，自主购楼分散安置166户523人，新建移民村5个集中安置343户893人，回购楼房集中安置679户1619人。

易地扶贫搬迁新住所

同时，在后续产业就业方面，重点通过社会兜底、资产收益等措施，帮助搬迁户实现稳定脱贫。

易地搬迁群众表达对党的感恩之情

三、大力保障扶贫资金投入

自精准扶贫工作开展以来，右玉县累计投入使用扶贫资金 42980 万元，其中，2014 年投入 2848 万元，2015 年投入 5229 万元，2016 年投入 9255 万元，2017 年投入 25648 万元。特别是坚持“多个渠道进水、一个池子蓄水、一个龙头放水”的资金管理模式，制定出台《关于统筹整合财政资金实施精准扶贫实施方案》，集中财力保障脱贫攻坚。

元堡子镇搬迁前后对比（前）

元堡子镇搬迁前后对比（后）

第六节　注重打造样板，强化示范引领

按照建样板、可复制、易推广的要求，对标脱贫标准要求，突出环境面貌、档案资料、政策宣讲、“三率一度”、帮扶措施落实、“三支队伍”管理等环节和方面，包乡镇县领导亲自挂帅、蹲点指挥，乡村党员干部示范带动、群众自发行动，集中时间、集中精力，精心打造了白头里乡赵官屯村等样板村，全县各乡镇对标样板，查漏补缺，真正做到学有榜样、干有方向、做有方法，带动全县脱贫攻坚工作整体步伐加快、提标升级。

康平村改善农村人居环境，村庄面貌焕然一新

聚焦打造“两山”理论示范区和绿色发展先行区，以基础条件好的扶贫移民新村康平村等为重点，聘请专业团队，坚持体现地域特色、乡土文化、现代气息、经济实用的原则，高标准、高水平规划设计，打造乡村旅游样板村，推动脱贫攻坚与旅游兴县深度融合。同时，注重在脱贫攻坚各个领域发现和培养先进典型，发挥示范引领作用。凸显了右玉联社等示范企业在脱贫攻坚中的行业优势，涌现了省商务厅、市税务局等驻村帮扶工作先进单位，形成了威远镇、人社局等扶贫扶智又扶志的典型做法。

一、社会力量为脱贫“注血”

（一）南元村脱贫奔小康

10 月 26 日，右卫镇南元村的天特别蓝，几近晴空万里，入村的道路也十分干净整洁，田边绿油油的秧苗长势喜人。修葺一新的房屋墙壁和院墙上，到处都是有关社会主义核心价值观的宣传画和标语，习近平新时代中国特色社会主义思想如空气一般浸润在村民们的日常生活中。

南元村是省商务厅在右玉县的定点帮扶村。对口帮扶 3 年来，省商务厅和南元村村民一起，在基层组织建设、基础设施建设、产业发展规划、村庄环境卫生整治等方面，做了大量工作，彻底改变了南元村的贫困面貌。

环境整治聚人心。针对农村中普遍存在的乱堆乱放、污染环境的柴堆、粪堆和草堆，按照“五有三无一通一统”(“五有”是有院墙、有大门、有家具、有电视、有院中路，“三无”是无危房、无“三堆”、无破房弃院，“一通”是户户通水泥路，“一统”是村内树木和墙体统一粉刷）的标准，对村庄环境进行集中整治提升。如今的南元村，家家户户院墙都是红砖新砌，入户路平坦宽敞，院子干净整洁，各类时蔬种满菜园，家禽牲畜有序圈养，机械车辆整齐停放，在窗明几净的大瓦房里，电视机、洗衣机、冰柜、电磁炉、电饭煲等家用电器一应俱全。

省商务厅帮扶南元村种植地膜玉米

产业发展拔穷根。针对生产条件差、有劳动能力的贫困户，省商务厅扶贫工作队注重从激活贫困群众内生动力上下功夫，千方百计地帮助他们通过产业发展提升生产致富能力。

省商务厅提供的大型农机，有效助力贫困户脱贫

为了调优南元村的种植养殖结构，2016年，省商务厅筹措3万元帮扶资金，为南元村购置名优品种“冀张8号”脱毒土豆种子2万斤，当年推广种植100亩，亩产增加1000—1500斤，净增收7万多元。2017年，又为南元村引进种植黄芥100亩、麻子藜麦共100亩、大黑豆50亩，试验种植中草药板蓝根30亩。几年来，通过合理管理使用扶贫专项资金，累计帮助南元村贫困户购回6台农用四轮车、14台农用三轮车、17台铡草机、2台播种机、1台翻转机、1台磨面机、1台玉米脱粒机，免费发放驴30头、羊240只，修建圈舍20套，有效提高了全村贫困户的生产自救能力。

贫困户要利荣最有发言权，他说：“精准扶贫两年来，商务厅和政府免费发给我们家2头毛驴、10只母羊和1只种公羊，帮我们购置农用机械、联系生产资料。全家从过去每年收入2000多元，到如今有3台生产机械、18只羊、5头牛和2头驴，通过发展绿色种植和生态畜牧，全年收入达到2万元以上，彻底甩掉了贫困户的帽子。”

为贫困群众发放扶贫羊

医疗救助解忧愁。针对因病致贫、内生动力不足的贫困户，省商务厅积极对接相关部门为南元村建档立卡的20户49人，全部上了大病医疗补充保险，对特别困难的因病致贫家庭实行医疗救助，给予每户3000元的救助补贴，联系专业医疗队到南元村开展扶贫义诊活动，多管齐下地帮助因病致贫家庭脱贫致富。

为贫困群众进行义诊

基础设施提档次。针对南元村地下水位逐年下降导致的人畜饮水困难，省商务厅扶贫工作队积极筹措引水入户工程资金 18 万元，打 50 米深井一眼，建 100 立方米蓄水塔一座，输水管道铺设总长 3000 米，一举解决了全村 43 户村民用水难问题。2016 年又筹措资金对总长 500 余米的村中土路全部用六角水泥砖进行了铺设，前后累计修建道路总长达 4.5 公里，彻底改变了以前“晴天一身土，雨天一脚泥”的出行状况。在村口道旁、房前屋后完成植树造林 100 亩，在林间栽植金针花近 10 万苗，栽植金叶榆 500 株，进一步扮靓了村庄环境。

省商务厅为南元村打井

南元村脱贫攻坚宣传壁画

组织建设有力度。在省商务厅的积极推动下，南元村党的建设明显加强。几年来，南元村“两委”制定完善各项制度 20 多项，完善了村规民约，制作了宣传展板及公示栏，并严格落实“四议两公开”和“三会一课”制度。每月 10 日前，召开村支“两委”组织生活会，跟进学习习近平总书记系列重要讲话及脱贫攻坚指示精神，学习省、市、县、镇等各部门的有关文件精神。同时，认真开展讲党课活动，扎实推进“四讲四有”活动。通过扎实推进村“两委”组织建设，发挥“两委”组织在脱贫攻坚中的引导推动作用，全村风气面貌发生可喜变化。

（二）野场村旧貌换新颜

原来村口臭气熏天的垃圾堆变成了拥有各式花木、篮球场、健身器材的公园和村民健身广场，在统一粉刷成亮白色的住房和院墙上，一幅幅政策宣传画，向过往的行人展示着野场村如今的新面貌。

野场村文化休闲广场

催生野场村巨大变化的是“第一书记”、驻村工作队和包村干部这三支队伍。自朔州市税务局工作队驻村以来，已经把自己当成村里人的工作队队员，平均一个月有超过 20 天都住在村里，用真情、动真心、下真功，把贫困户当成自己的亲人。

在工作队的真情感召下，在推进环境整治等工作时没有一户阻挠作梗，积极配合清理生活垃圾 1200 吨，拆除破房 18 间、土墙和破墙 4660 平方米，建成文化休闲广场 1 个，整修院墙、房屋、大门等 6850 平方米，完成所有主干街道的硬化，栽植树木近 4 万株，建成围栏 2 万米，不到一年时间，野场村贫困户居住条件有了极大改善。

工作队结合野场村自身条件，精心拿出三大富民措施。

一是实施农机资产收益性扶贫。工作队联系省级农机社会服务化项目资金 30 万元，注入右玉县田沃农机专业合作社，并购买联合收割机 2 台，带动 20 户有劳动能力的贫困户脱贫致富。

大型扶贫农机在野场村大田里作业

二是将资源变资产，增加群众的基础性收入。很多贫困群众年龄较大，已经不适宜从事劳动强度比较大的农业生产，但是家家户户又都有地，分散种植难见经济效益。对此，工作队积极联系农丰农牧专业合作社，将有劳动能力的贫困群众安排进合作社打工，将贫困户手中闲置低效的土地流转到合作社，流转土地5000多亩，按照每亩300元流转费用计算，户均年增收2400元，在合作共赢中将土地资源变成资产增收模式发展壮大，全村42户贫困户实现稳定脱贫。

三是积极开展光伏扶贫，协助13户贫困群众向农村信用社贷款5万元，各自建设了5kW分户光伏项目，利用光伏发电来增加收入，促进贫困户脱贫致富。

光伏扶贫项目

二、金融扶贫为脱贫“输血”

精准扶贫，金融“活水”优先供给。右玉联社认真贯彻国家精准扶贫战略，切实履行金融扶贫责任，按照右玉县脱贫攻坚目标，结合监管部门指导意见，制定精准扶贫规划和方案，纵深推进金融扶贫工作。截至 2018 年 6 月末，右玉联社发放精准扶贫贷款 3.15 亿元，其中，发放扶贫小额信用贷款 5222.62 万元，惠及 1656 户贫困户。

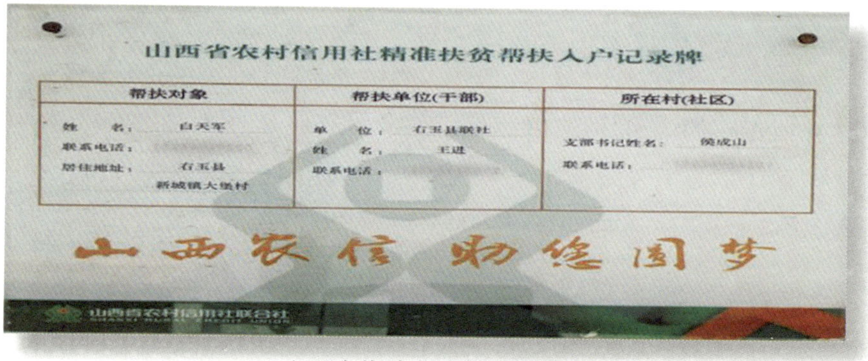

山西农信精准扶贫记录牌

一是“建档立卡”扶贫。右玉县联社 9 个乡镇营业网点包片扶持所在乡镇贫困农户，包片责任全部落实到位，完成了 8035 户建档立卡贫困户的信贷需求调查、评级授信、符合贷款条件的给予信贷需求投放“三个全覆盖”，为精准脱贫提供了强有力的资金支持。

休闲农业种植大棚

二是特色农业扶贫。立足农耕传统，因地制宜，推进杂粮、中药材、蔬菜、畜牧业、农产品加工、休闲农业六大绿色、特色产业扶贫项目，支持了县域种植业、养殖业、农产品加工业、旅游开发、中药材等产业发展，全力助推贫困村打造优势产业。

现代农业种植大棚

三是产业带动扶贫。重点扶持市场发展潜力大、辐射带动面广的农业产业化龙头企业、农民专业合作社及农业专业大户等新型农业经营主体，采取“贫困户贷款+带资入企+就业分红”“公司+合作社+农户”等方式，支持图远实业有限责任公司、祥和岭上等农业产业化龙头企业，带动当地2960户贫困户脱贫致富。

四是光伏产业扶贫。积极宣传引导广大扶贫产业、贫困户安装光伏，既能解决自身用电需求，还能获得稳定的经济收入。

光伏扶贫产业

普惠金融，打通金融服务“最后一公里”

一是创新金融产品。立足“三农”需求新特点，在以往信贷产品的基础上，量体裁衣，创新“惠农贷”“惠商贷”“惠业贷”“惠薪贷”“四惠”系列产品，推出“光伏扶贫贷”“芯片存单便易贷”“电商扶贫贷”等信贷产品，实现了信贷产品覆盖市场、覆盖农户。开办了代销黄金等中间业务，开通了“晋享e付”、网上银行、手机银行等移动支付渠道，形成了信贷、结算、代理等交叉营销、互生共长的一揽子金融产品体系。并在2014年率先推出并推广了“惠民一卡通”，惠及农户3万多户。

右玉农信金融扶贫优惠套餐

二是拓宽服务渠道。逐步将金融服务的触角延伸至偏远村庄，深入开展金融便民服务，通过布置ATM机、POS机，在村镇设立助农服务点，利用流动服务车为偏远山区农民提供上门服务，逐步扩大服务半径，让广大农民客户足不出村就能办理小额取款业务。全县农信社布放助农服务点124个，流动服务车1台，ATM自助设备12台，服务覆盖面达100%，有效地解决了农村地区金融服务需求。

三是建立金融知识宣传体系。联社将金融知识宣传工作贯穿全年，并纳入综合考评，与业务发展同部署、同考核。各条线每月至少进行一次金融知识宣传，利用发放宣传单、宣传海报、LED屏、微信平台、电视、广播等，及时将利率、政策、消保权益等金融知识送进千家万户。

四是满足金融需求。重点落实农业供给侧结构性改革、乡村振兴战略，

贫困群众载歌载舞庆祝金融扶贫项目下乡

以农户小额信用贷款为抓手，大力扶持农户，在对所有农户进行资料收集、评级、授信“三个全覆盖”的基础上，不断加大投放力度。

扶贫济困，公益爱心捐赠“暖人心”

右玉联社积极开展扶贫济困、送温暖、献爱心活动，按照单位全面包村、机关干部“一对一”包户的政府帮扶模式，开展扶贫帮困工作。为贫困村捐盖“爱心磨坊”，为困难家庭送去化肥等春耕备耕所需品，既帮助困难群众渡过生活生产难关，又为他们增加收入来源，不断强化金融扶贫的“造血”功能。近年来，通过组织公益捐赠等，累计向贫困户捐赠各种扶贫物资折合价款 10 万多元。

下乡慰问贫困群众（一）

下乡慰问贫困群众（二）

三、就业培训为脱贫“造血”

县人社局按照“精准、详细、动态”的要求，以劳动力技能提升为抓手，高度关注有技能基础和就业愿望的贫困人口，并积极开展技能培训服务。

围绕脱贫攻坚重点实施项目，积极与县属企业和市派联村单位沟通对接，引导和支持用人单位建立劳务培训基地，有针对性地开展劳动技能培训，为贫困人口量身制定培训课程，补齐农民科学素质短板，不断增强其脱贫致富的“造血”功能。投资 199 万元，开展农村电商、专业护林、光伏发电、护工技能等培训，共培训贫困人口 1021 人次；投资 63.6 万元，开展“千村万人”中药材种植、特色养殖技能扶贫培训，累计培训 169 个村的农民 11780 人次。

贫困群众劳动技能培训

贫困群众厨师培训验收

四、爱心超市为脱贫“正骨”

威远镇进一步整合帮扶资源，有效发挥社会各界捐款捐赠物资的激励作用，最大限度地激发贫困群众内生动力，在条件成熟的村建立“爱心超市”，将社会各界捐赠的公益物资统一放到爱心超市，由村党支部、村委会和驻村工作队结合本村实际，制定“爱心积分台账”，根据村民当月现实表现及时评定积分，村民通过积分随时兑换领取积分货品，以此激励村民主动发展勤劳致富的积极性、主动性。

“爱心超市”按照“七有”标准建设，有挂牌、有货架、有物品、有制度、有台账、有标价、有专人管理。

威远镇爱心超市（一）

威远镇爱心超市（二）

镇党委牵头成立“爱心超市”建设工作领导小组，负责全镇“爱心超市”的建设和监管，明确“爱心超市”店长、爱心积分评议小组成员人选等。

镇纪委牵头成立“爱心超市”监督管理委员会，负责“爱心超市”运营期间的全程监管，防止私分、侵占、挪用现象，确保各项受赠物资使用公平公正。

镇市场监督管理所不定期加强对“爱心超市”货品质量抽查，如发现货物出现质量问题，依法追责。

村委会选派专人作为“爱心超市”工作人员，负责“爱心超市”内的物品兑换和登记，并收集困难群众服务需求，根据群众需求和季节变化安排补货调货，每月将运行情况在村公开栏进行公示，接受社会监督。

村民通过环境卫生整洁度、五德四美传承度、公益劳动参与度、社会治理贡献度等积攒积分。

03

Chapter

高质量发展的右玉

右玉县以习近平新时代中国特色社会主义思想为指导，全面贯彻落实党的十九大精神、习近平总书记视察山西重要讲话精神和对右玉精神的重要批示指示精神，不折不扣地落实山西省委、省政府“三大目标”和省委原书记骆惠宁对右玉的“在绿起来之后，迅速富起来”的重要批示精神以及朔州市委、市政府“生态立市、稳煤促新”战略部署，紧紧围绕提升绿水青山品质、共享金山银山成果的主题主线，以改革开放、创新驱动为动力，以全面加强党的建设为根本保障，开启了巩固提升脱贫成效、决胜全面建成小康社会、谱写新时代中国特色社会主义右玉篇章的高质量发展新征程。

右玉生态文化旅游开发区

第一节 坚持植树造林，夯实高质量发展绿色根基

在“十三五”时期，着眼夯实绿色发展根基，科学确立“坚持不懈提升环境养护绿水青山、做优产业转化绿水青山、惠及民生共享绿水青山”的发展思路，让习近平总书记“两山”理论在右玉大地开花结果。

依托三北防护林、首都水资源、京津风沙源等国家重点生态建设项目的实施，不断整合林业、水利、农业综合开发、发改等项目资金，集中人力、物力、财力，高规格、大规模推进生态建设，建成了森林康养基地建设工程等一批造林绿化精品工程。

右玉造林绿化成果（一）

右玉造林绿化成果（二）

按照五年一个整体规划、每年一个实施方案，坚持专业队、民营户、企业、干部群众义务植树“四个结合”，执行“四三三”付款制，有效地激发了生态建设活力。全县有林面积达到170万亩，治理沙化面积200万亩，沙尘暴天数比新中国成立初减少80%，地表径流和河水含沙量比造林前减少60%，田间林网水分蒸发量比旷野年平均减少8.8%。

参加义务植树的右玉群众

对全县重点造林区全部实行拉网围封，加强生态林、自然保护区、水源涵养区、重要地质遗迹和生物物种资源的保护，维护了生物多样性和植物原生态，增强了生态服务功能，巩固了林业建设的成果。

右玉造林绿化成果（三）

第二节　坚持底线思维，烙上高质量发展绿色标签

全面落实环保责任。严格执行《右玉县环境保护工作职责规定（试行）》，建立健全环境保护目标责任制度，实行环保工作党政一把手亲自抓、负总责，严格环保目标督查督办与考核。

严格项目环保准入。按照“减量化、再利用、资源化”的原则，以发展绿色经济为主题，以产业布局园区化、发展集群化和企业生产清洁化为重点，坚守项目准入门槛，将环评作为新建项目备案、开工建设的前置条件，明确建设项目环保审批“六条”红线，落实招商引资“三个不得引进”，将环境保护从“末端治理”变为“源头控制”，累计拒绝各类项目 20 多个，资金达 100 多亿元。

企业清洁化生产

依法保护绿化成果。逐步完善了《右玉县森林资源管理办法》《关于进一步加强森林资源保护的决定》《关于进一步加强野生动植物资源保护的意见》《关于进一步加强森林资源保护管理工作的通知》等规范性文件，成立了森林派出所，组建了森林消防专业队和森林资源保护巡查队，建成国家级标准站和中心测报点，全面实行封山禁牧，严厉打击乱砍滥伐违法行为，扎实做好退耕还林、森林防火、病虫害防治检疫等工作，确保了全县森林生态资源的安全。

林业管护人员进行林木抽检

突出重点领域治理。按照突出重点、彰显成效、有限目标的原则，全力抓好大气、水和土壤三大要素环境质量改善和巩固工作，制定出台《右玉县大气污染防治行动计划》《水污染防治行动计划》《全面推行河长制实施方案》《燃煤污染控制实施方案》《煤改气、煤改电实施方案》等文件。

严格开展环保执法。按照“全覆盖、零容忍、明责任、严执法、重实效”的总体要求，坚持源头严防、过程严管、后果严惩，严厉打击环境违法行为，规范环境监督管理。

第三节 产业规模集聚，提升高质量发展绿色品质

右玉依托良好的生态，因地制宜，多业并举，按照“生态发展产业化、产业发展生态化”的思路，不断提升高质量发展绿色品质。

一、生态种植业产业化集聚

坚持推广特色种植，油菜、胡麻、藜麦等彩色作物种植规模达到 1.8 万亩，建成高标准现代农业园区 1605 亩、鲜食马铃薯生产示范基地 1400 亩、小香葱种植基地 3500 亩，“右玉燕麦米”申报国家地理标志。

鲜食马铃薯丰收

成规模的特色农业种植大棚

图远实业小香葱种植基地

二、生态养殖业全产业链推进

全面落实草原生态保护补助奖励政策，全力推进雁门关农牧交错带示范区建设，着力构建集饲草种植、规模养殖、屠宰加工于一体的畜牧产业化体系。

三、绿色食品加工业线上线下同步拓展

积极开发小杂粮、苦荞、沙棘等绿色优势农产品，建成臣丰苦荞、汇源沙棘果汁、张千户岭生态羊等农业龙头企业20多家，形成了杂粮、脱水蔬菜、胡麻、饮料、畜产品“五大加工体系”，基本实现本地大宗农产品就地加工转化增值，右玉成为全国小杂粮基地县、全国重要的沙棘产业基地和全省重要的绿色食品生产基地。

优质胡麻种植基地

彩色种植景观

全面实施国家电子商务进农村示范县项目，自建了“西口人家”电商平台，建成县级电子商务公共服务中心、物流配送中心、电商孵化中心各1个，村级服务点133个，与顺丰速运、供销e家等平台签订了深度合作协议，在京东、苏宁易购、公益中国等平台开设“右玉特色馆”，并在公益中国平台开设了扶贫专区，2018年全县电子商务网络交易额达7036万元。

四、生态工业实现全面循环可持续

把劣势转化为优势，将沙固定住，让风围着风车转，向风借势、向光要电，催生了一个颇具规模的清洁能源产业链，全县清洁能源总装机容量突破130万千瓦，成为山西省最大的清洁能源基地，全县形成以清洁能源、LED高新技术等为主的绿色工业格局。

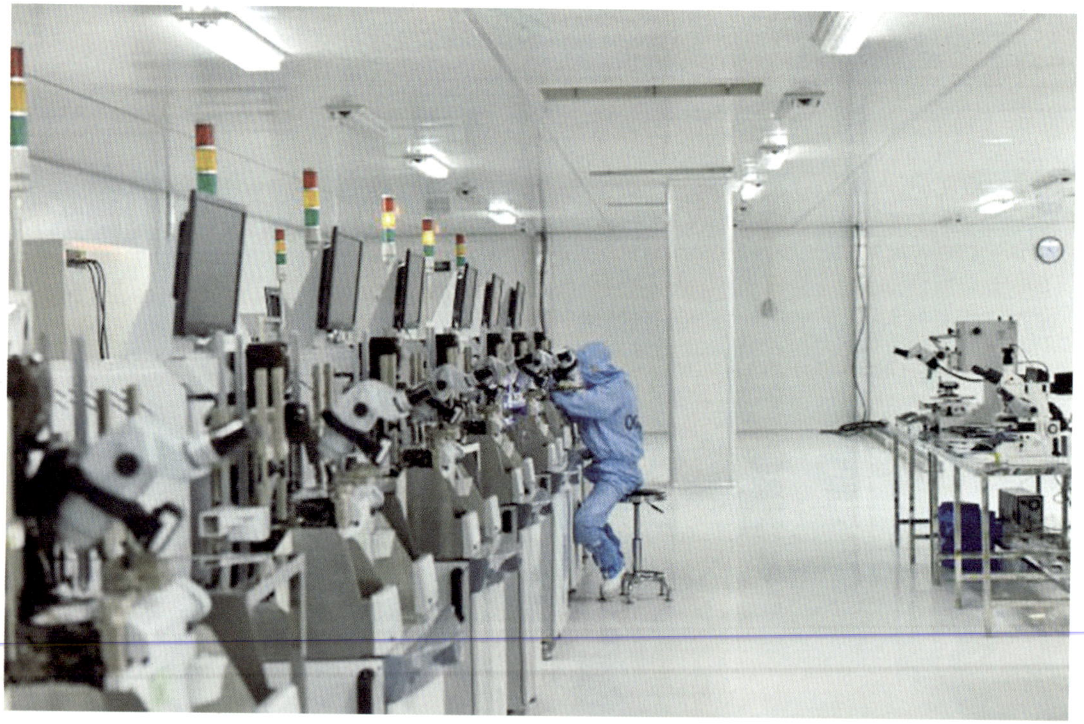

永昌 LED 研发基地内景

右玉“风光”无限

第四节　推进文旅融创，打造高质量发展创新引擎

右玉继获批全县域国家4A级旅游景区，被确定为第一批国家全域旅游示范区创建单位后，2017年4月，山西省人民政府第148次常务会议批准设立右玉生态文化旅游开发区，成为山西省首家以生态文化旅游业为发展方向的省级开发区。右玉生态文化旅游开发区占地面积417.38平方公里，占全县总国土面积的21.2%，由“两园一带”三大功能区构成，以此为引擎带动全域旅游实现井喷式发展，2018年，全县共接待旅游总人数290万人次，实现收入26.9亿元，较上年分别增长32.4%、28.2%。

杀虎口—右卫文化创意园，以西口风情、民族融合文化体验为主题，突出长城风光、西口风情和文化创意等功能业态，重点建设杀虎口风景名胜区、右卫文创艺术小镇两大主题板块。

杀虎口风景名胜区

环县城生态产业园，以山地运动、近郊休闲为主题，突出生态观光、避暑度假、药食养生、特产购物和赛事会展等功能业态，布局建设康养休闲度假区、山地户外动感区、生态产业观光区三大主题板块。

玉龙马园赛马运动

苍头河湿地体验带，以休闲度假、自然康养为主题，突出湿地体验、氧吧滤肺、自然康养、精致度假等功能业态，着力打造集自然生态氛围、精致细腻景观、丰富有趣体验为一体的生态湿地度假区。

南山美郡生态度假区

右玉生态国际马拉松

右玉丰富多彩的文化活动图集

第五节　统筹城乡发展，构建高质量发展人居环境

以创建国家卫生县城、全国文明县城为抓手，坚持新建区扩面、旧城区改造和开发区建设“三区联动”，统筹抓好生产、生态、生活“三维空间”。推进全县热电联供、天然气入户、污水处理、垃圾处理、排污管网等一大批市政设施的建设运营，以高速公路和国省道为主干、县乡道等为支线的交通网络基本形成。

右平高速

认真实施农村人居环境改善工程，继续实施农村饮水巩固提升工程，梯次开展农村生活垃圾、污水处理，强力推进闲置凋敝宅基地整治盘活利用试点工作，加快建设家园美、田园美、生态美、生活美的宜居乡村。

整治盘活利用农村闲置凋敝宅基地

第六节　开展“十大行动”，夯实高质量发展思想基础

进一步激发全县上下愈战愈勇的斗志，掌握善作善成的规律，保持久久为功的韧劲，不断引深“右玉精神我弘扬，推动改革开放再出发，持续夯实高质量发展”的思想基础。

一、“先锋右玉”党员干部争先进位行动

瞄准典型学、对标先进干。着力谋划一批重大改革举措，推出一批重要科技创新成果，打造一批对外开放平台，选树一批担当作为先进典型，完善形成一批制度机制，不断提升右玉高质量发展新境界。

支持能者上、要求庸者下。树立正确的选人用人导向，建立健全激励干部干事创业机制、改革创新合理容错机制和推进干部能上能下流动机制，为敢于担当的干部担当，为敢于负责的干部负责，进一步汇聚干事创业正能量。

推动以廉树威、坚持以德立身。持续推动全面从严治党向纵深发展，严格落实中央八项规定精神，持续保持惩治腐败高压态势，持之以恒纠正“四风”，确保管出习惯、化成风俗，进一步涵养政治生态的“绿水青山”。

二、“诚信右玉”营商环境优化提升行动

积极推进诚信政府体系建设，进一步深化“放管服效”改革，深入推进审批服务便民化工作，着力构建“宽进、快办、严管、便民、公开”的服务审批模式，全力打造“六最”营商环境，全面落实中央和省、市、县支持民营经济发展的各项政策，让广大民营企业有更多获得感。

三、“富裕右玉”脱贫成效巩固提升行动

建立完善精准脱贫与后续发展长效机制，严格落实“四个不摘”的要求，做好特色产业帮扶、农村基础设施提升、干部驻村帮扶工作、社会兜底保障政策、监督执纪问责力度“五个持续不变”，不断巩固提升脱贫成效。

以右玉生态文化旅游开发区建设为抓手，持续做大做强生态文化旅游产业，在推动高质量发展中惠及更多群众。创新连片开发式、资源入股式、订单合作式、龙头带动式等产业帮扶模式，将企业、合作经济组织、贫困户结成命运共同体，使群众“有业可从、有企可带、有股可入、有利可获”。

大力弘扬右玉精神的自力更生、艰苦奋斗的珍贵本色，引导广大农村群众增强发家致富信心，克服“等靠要”思想，依靠自己勤劳的双手，创造幸福美好新生活。

右玉县生态景观

四、“清洁右玉”城乡环境专项整治行动

以创建国家卫生城市为抓手，大力开展交通秩序治“乱”、市容卫生治“脏”、生态环境治“污”、公共服务治“差”的“四治行动”，常态化地开展城乡环境综合整治。

右玉县城市建设

明确中心集镇发展定位，全面开展城乡路网建设、水利水系建设、公共交通和电网、电视网、互联网等网络化建设，建成新城镇中心功能集镇、右卫镇特色旅游集镇、威远镇现代农业集镇、元堡子镇生态能源集镇。梯次打造特色现代美丽乡村，大力开展“身边增绿”行动，在房前屋后、街巷道路、河渠两侧、公路周边、村中空地植树兴绿，不断提升城乡绿化水平。

右玉乡村“身边增绿”行动

五、“生态右玉”绿色家园共建共享行动

坚持“绿化、彩化、财化”的要求，注重提升生态、景观、经济等综合效益，抢抓支持右玉高质量发展的政策机遇，全力争取项目和资金，保持每年 8 万亩以上的造林绿化速度，持续厚植生态优势。

实施京津风沙源治理二期工程水利水保项目和坡耕地水土流失综合治理工程，继续推进以水污染防治、水生态修复、水资源节约利用“三水”共治为重点的清河行动，进一步完善县乡二级河长体系，建立县级河流水文信息系统。

积极倡导生态文明理念，结合践行社会主义核心价值观，大力开展绿化劳模、生态乡村等评选工作，广泛开展城市绿地管护、义务植树护林等环保志愿服务活动，积极倡导勤俭节约、绿色低碳、文明健康的生活方式和消费模式，不断营造崇尚绿色发展、建设美丽家园的良好社会风尚。

种植、管护林木的右玉群众

六、“法治右玉”全民守法普及教育行动

深入开展“法治右玉”建设，充分发挥市民公约、乡规民约、行业规章、团体章程等社会规范在社会治理中的积极作用，支持行业协会商会类社会组织发挥行业自律和专业服务功能，发挥社会组织对其成员的行为导引、规则约束、权益维护作用，建立覆盖城乡居民的公共法律服务体系。

持续深化和拓展法律进机关、进乡村、进社区、进学校、进企业、进单位等活动，进一步预防和化解社会

右玉县公安局进学校开展毒品预防教育

矛盾，持续加强县、乡、村三级调解中心建设，建立健全应急处置机制，切实维护和解决好群众的合理合法利益诉求，加快推动基层社会治理创新，广泛推广“三四四”工作法，有效地提升城乡社会治理能力和水平。

大力推进社会主义法治文化建设，加强法治文化阵地建设，广泛开展群众性法治文化活动，推动法治文化与地方文化、行业文化、企业文化融合发展。

七、“畅通右玉”道路交通从严规范行动

深入推进“文明交通行动计划”。全方位、多渠道、广覆盖地宣传文明交通法律法规，在全社会营造共同遵守法律、安全文明出行的浓厚氛围。

大力开展“不文明交通行为整治”。针对电动车、行人乱闯红灯和机动车车窗抛物、乱鸣笛、不系安全带、乱停车等行为进行整治，严厉打击酒驾、毒驾、超速、超员、超载、违停、疲劳驾驶等严重交通违法行为。

专门设立“文明交通示范岗”。经常宣传文明交通知识，开展文明出行劝导活动，通过大力开展文明引导、交通管理、集中整治，全面增强市民文明交通意识，养成文明交通行为习惯，在全县营造安全、畅通、文明、和谐的道路交通环境。

右玉县交警在雪天帮助受困群众

八、“希望右玉”文明校园深化创建行动

学有优教。全面落实右玉教育五年行动计划，在巩固扩大高中、初中教育教学改革成果的基础上，以建设学前教育城乡一体化省级试点县为契机，全面提升小学、幼儿教育办学水平。

右玉一中

孝有善行。在全县中小学校组织开展“学习雷锋——做一个有道德的人”“美德少年”“生态小宣传员”“环保小卫士”“爱心小使者”“家庭小孝星”等活动，推动良好行为的习惯养成。

恶有严惩。加大对学校、幼儿园及周边文化环境、交通秩序和治安秩序的综合整治力度，严厉打击针对未成年人的各类违法犯罪活动。

以文化人。全面推进全民阅读活动，进一步发挥右玉县图书馆、迎宾社区“我爱阅读”图书阅览室等阵地作用，不断推动“书香右玉”建设。结合重要时事和节庆活动，广泛开展理想信念、国情、形势政策教育，开展“红歌唱响校园”“优秀童谣传唱”和中华经典诵读等活动，强化未成年人对社会主义核心价值观的认同，引导未成年人爱党、爱国、爱家乡。

以文育人。县内各中小学校充分利用自身独特的自然条件，精心规划设计，积极构建集绿化、美化、净化、园林化于一体，融校园、公园、乐园、家园于一体的育人环境。

九、“善行右玉”良好风尚培育传播行动

志愿服务引领。建立多种志愿服务队伍，积极发挥社会主义核心价值观对国民教育、精神文明创建、精神文化产品创作生产传播的引领作用，依托公益广告、新时代文明实践站所、社会主义核心价值观主题广场，切实把社会主义核心价值观融入社会发展各方面，转化为人们的情感认同和行为习惯。

创建活动推动。以创建“全国县级文明城市”为契机，多渠道推动村镇、单位和校园创建活动深入开展、协调发展。深化群众性精神文明创建活动，进一步完善公共文化服务体系，深入实施文化惠民工程，积极开展送戏下乡、送电影下乡等活动，经常性组织开展秧歌、健身操等文化活动。广泛开展移风易俗、弘扬时代新风行动，普及科学知识，倡行科学精神，抵制腐朽落后文化侵蚀。

体系建设强化。积极推进诚信建设，让失信者寸步难行、守信者人人尊崇，进一步强化社会责任意识、规则意识、奉献意识，带动和激励全社会形成向上向善、孝老爱亲的良好氛围。

十、“美丽右玉”主题形象宣传塑造行动

积极选树典型。深入开展学习弘扬右玉精神系列特色主题活动，培育和选树一批新时代践行右玉精神的先进集体和先进个人，不断丰富和发展右玉精神新的时代内涵。创新弘扬载体。充分发挥融媒体中心作用，通过“互联网 +”模式，积极开发右玉精神模块嵌入平台，建设网上陈展馆，通过公益广告、文学、艺术、戏剧、电视剧等形式，运用智能化、信息化手段全方位、多视角、深层次宣传展示右玉精神。打造右玉精神展览馆及雕塑广场等新载体。

右玉县融媒体中心

右玉精神展览馆

加强宣传推介。组建右玉精神宣讲团，走出去赴中央、省、市机关、企业和高校等巡回报告。联合山西省社科院、山西省委党校成立“右玉精神研究院”，积极落实中央党校（国家行政学院）党建部与右玉干部学院签署的战略合作计划，多渠道开展新时代学习弘扬右玉精神课题研究。致力打造在全国有重要影响、体现时代精神和党性教育特色的干部学院，将右玉干部学院建成全国学习研究宣传习近平新时代中国特色社会主义思想的干部实践教育主阵地。

通过担当作为、奋进拼搏，右玉县的绿色发展导向基本确立，生态环境质量明显提升，2018 年成功入选“中国最美县域榜单”，人居环境由恶劣到宜居，经济社会从徘徊于贫困到高质量发展，右玉正全力打造全国“两山”理论示范区、全域旅游发展样板区、乡村振兴先行区，加快建设环境好产业优人民富的美丽右玉，不断书写“绿水青山就是金山银山”的右玉篇章。

筑绿色发展长城，树“两山”理论新风

后记

EPILOGUE

打赢脱贫攻坚战，是我们党向人民群众作出的庄严承诺。如今，右玉县率先向右玉人民兑现了这个承诺，成为山西省第一批退出的国定贫困县之一。摘下“贫困帽”，是右玉具有划时代意义的伟大成就，更是右玉践行“两山”理论、推进绿色发展的新起点。如何进一步把传承弘扬右玉精神引向深入、如何将绿水青山转变为金山银山、如何推动右玉高质量发展实现全面小康等时代命题，使右玉广大干部群众深感肩上的担子并不比之前轻松。

“肩负千斤谓之责，背负万石谓之任”，满足人民日益增长的美好生活需要的责任更胜于千斤万石。唯有坚定地坚持以习近平新时代中国特色社会主义思想为指导，深入学习贯彻党的十九大精神和习近平总书记视察山西重要讲话精神，进一步增强“四个意识”、坚定“四个自信”、做到“两个维护”，在思想上政治上行动上同以习近平同志为核心的党中央保持高度一致，才能不负习近平总书记的殷殷嘱托；唯有把握新时代改革开放总要求，把推进右玉高质量发展当学问去研究、当事业去追求、当使命去献身，以蚂蚁啃骨的韧劲、燕子垒窝的恒劲、老牛爬坡的拼劲钻研时代命题，才能在奋进新时代中走好新征程、在肩负新使命中展现新作为，切实把右玉打造成为全国“两山”理论示范区、全域旅游发展样板区、乡村振兴先行区；唯有大力传承弘扬右玉精神，以“功成不必在我、功成必定有我”的崇高境界和高尚情操，一任接着一任干，一张蓝图绘到底，才能在久久为功、砥砺奋进中加快建设环境好产业优人民富的美丽右玉，为决胜全面建成小康社会、实现中华民族伟大复兴的中国梦贡献力量。

右玉的明天会更好！

本书编写组

2019 年 9 月